Oraciones

que obtienen

RESULTADOS

Oraciones
que obtienen
RESULTADOS

Tom Brown

WHITAKER
HOUSE

Traducción al español realizada por: Belmonte Traductores
Manuel de Falla, 2 ✦ 28300 Aranjuez ✦ Madrid, ESPAÑA
www.belmontetraductores.com

Oraciones que Obtienen Resultados
Publicado originalmente en inglés bajo el título: *Prayers That Get Results*

Tom Brown
P.O. Box 27275 ✦ El Paso, TX 79926
(915) 855-9673 / www.tbm.org

ISBN: 978-1-60374-693-9
Impreso en los Estados Unidos de América
© 2013 por Tom Brown

Whitaker House
1030 Hunt Valley Circle
New Kensington, PA 15068
www.whitakerhouse.com

Contenido

Introducción

Yo no puedo afirmar que cada una de mis oraciones ha sido contestada, pero he aprendido lo suficiente por la Biblia y la experiencia para ser capaz de regocijarme mucho por las muchas respuestas que mis oraciones *han* recibido.

Pienso en Julian, un niño de nueve años de edad que había nacido ciego. Su mamá le llevó al servicio del Viernes Santo en mi iglesia en El Paso, Texas. Cuando oré por él, utilicé una oración que se encuentra en la Escritura: *"Mientras extiendes tu mano para que se hagan sanidades y señales y prodigios mediante el nombre de tu santo Hijo Jesús"* (Hechos 4:30, RVR). En cuanto hice esa oración, Dios abrió los ojos de Julian. ¡Él podía ver! Su madre le acercó a la plataforma y lloró mientras testificaba de la sanidad de su hijo. Yo hablé con Julian, y le pregunté: "¿De verdad puedes ver?". Julian asintió y comenzó a llorar de alegría, porque Dios había abierto sus ojos. No había ni un solo ojo seco en toda la iglesia. Las personas allí habían sido testigos de un verdadero milagro de proporciones bíblicas.

También recuerdo a Ron. Recientemente había sido salvo y había estado asistiendo a nuestra iglesia por varias semanas. Se acercó a mí después de un servicio el domingo y dijo: "Pastor Brown, quiero con mucha fuerza que mi esposa,

Margaret, experimente lo que yo he experimentado con el Señor; pero ella no parece interesada".

Yo le mostré Mateo 18:19: *"Si dos de ustedes en la tierra se ponen de acuerdo sobre cualquier cosa que pidan, les será concedida por mi Padre que está en el cielo"*, y comenzamos a orar. Me sentí guiado por el Señor a orar para que la esposa de Ron fuese salva el siguiente domingo. Después de nuestra oración, le pedí a Ron que le dijera a su esposa que el pastor Brown había orado por su salvación y que ella iba a ser salva al domingo siguiente. Él hizo exactamente lo que yo le pedí. El domingo siguiente, vi a Ron llegar a la iglesia para el servicio del domingo, acompañado por primera vez por su esposa. Margaret fue salva aquel día. Ella me dijo más adelante que había sentido curiosidad con respecto a asistir a la iglesia debido a mi valentía al anunciar que ella sería salva. Desde aquel día, Ron y Margaret han servido fielmente como líderes en nuestra iglesia.

Por medio de mis oraciones he visto enfermedades incurables ser sanadas, he sido testigo de la salvación del más endurecido de los pecadores, he recibido sabiduría en las situaciones más confusas, he obtenido favor con mis adversarios, he recibido dinero inesperado para satisfacer una necesidad, he visto a personas endemoniadas regresar a sus cabales, y he observado que la intimidad ha regresado a matrimonios sin amor.

Nada es imposible para Dios cuando oramos eficazmente. La palabra clave es *eficazmente*. Cualquiera puede orar, pero hay muy pocos cristianos que saben cómo orar eficazmente. La Biblia dice: *"La oración del justo es poderosa y eficaz"* (Santiago 5:16). La palabra *"poderosa"* significa "potente, sin límites". Y la palabra *"eficaz"* significa "capaz de producir los resultados deseados". *Resultados* es lo que perseguimos en este libro.

Un propósito primordial de la oración

Carl acababa de recibir noticias de su médico, que le dijo que tenía un tumor maligno y que le quedaban solamente seis meses de vida. Carl necesitaba que Dios le sanara milagrosamente.

Betsy descubrió que su esposo se estaba viendo con otra mujer y planeaba divorciarse de ella. Betsy necesitaba que Dios cambiase a su esposo.

John y Mary habían descubierto que su hijo consumía drogas. Necesitaban que su hijo fuese libre de la atadura de la adicción.

Ralph había sido despedido y no sabía cómo iba a sostener a su familia. Ralph necesitaba un empleo.

Cecilia descubrió el motivo de sus cambios de humor cuando le diagnosticaron depresión maníaca. Cecilia necesitaba que Dios rompiera el espíritu de depresión.

A Lauren se le había presentado una oportunidad que tenía el potencial de hacerle ganar una gran cantidad de dinero o dejarle totalmente en bancarrota. Lauren necesitaba sabiduría.

El Pastor Jacob quedó devastado porque la ciudad no le concedió a su iglesia el permiso de construcción que necesitaban para ampliar. El Pastor Jacob necesitaba el favor de Dios con el ayuntamiento de la ciudad.

Angelina quedó destrozada al oír que no podía tener hijos. Angelina necesitaba que su vientre fuese sanado.

Estas personas puede que le recuerden situaciones en su propia vida. Son problemas como estos los que nos impulsan a orar. Aunque los problemas no deberían ser lo único que nos empuje a orar a Dios, no nos engañemos; los problemas en la vida tienen su manera de hacer que nos arrodillemos. Como la Biblia dice: *"¿Está afligido alguno entre ustedes? Que ore"* (Santiago 5:13). Uno de los propósitos primordiales de la oración es pedir a Dios que nos libre de los problemas.

Cómo está organizado este libro

Este libro está dividido en tres partes. La parte I explora diversas oraciones en profundidad, mostrando el modo en que se relacionan con circunstancias específicas y cubren ciertas necesidades. No todas las oraciones son iguales. Puede que una oración funcione mejor para la salud, mientras que otra puede que funcione mejor para el matrimonio. Usted necesita saber qué tipo de oración hacer para cada situación. La parte II examina por qué algunas oraciones no son contestadas y detalla errores comunes que los cristianos comenten con frecuencia cuando oran. La parte III habla de los pasos que puede usted dar para recibir respuestas a sus oraciones. Este libro concluye con una vista general del Padre Nuestro. En cuestión de solo unos capítulos, estará usted de camino hacia orar con eficacia. En su totalidad, este libro tiene intención de ayudarle a desarrollar una vida de oración más profunda caracterizada por oraciones más extensas y más significativas.

Quizá no haya disfrutado al orar, y sienta que es más como una obligación. Desde luego, eso es natural cuando usted no está viendo ningún resultado. Pero una vez que comience a ver sus oraciones contestadas, será difícil para usted *no* orar. Estará orando tanto como sea físicamente posible cuando entienda cómo orar de manera que reciba respuestas. Repito: este libro se trata de resultados.

Si está interesado en orar solamente por un deseo de parecer religioso, este libro no es para usted; pero si anhela ver

sus oraciones respondidas, ha encontrado el recurso adecuado. ¡Vamos a embarcarnos en este emocionante viaje hacia la
esfera sin límites de la oración!

Parte I

Diferentes tipos de oración

Capítulo 1

La oración de sumisión

Decía: "Abba, Padre, todo es posible para ti.
No me hagas beber este trago amargo, pero no sea lo que yo
quiero, sino lo que quieres tú".
—Marcos 14:36

El final estaba cerca. Jesús había terminado su misión de enseñanza y sanidad; ahora era momento de completar su misión sacrificial. La cruz estaba delante de Él. Él sabía lo que significaba que sería separado del Padre; pero también sabía que esa era la razón por la que había venido a la tierra. Él tenía que llevar el pecado del mundo sobre sí mismo. ¿Podría haber alguna otra manera? Quizá la salvación podría lograrse sin un sacrificio. Su deseo de que hubiera otra manera le dio algo de esperanza de que, quizá, existiera. Lo único que Él tenía que hacer era orar. Y efectivamente, oró.

Imagine cómo debió de haberse visto esta escena. Él pidió a tres de sus discípulos que orasen con Él. Sentía el peso del mundo sobre sus hombros; su espíritu estaba en agonía. Ya no podía soportarlo más, y cayó de rodillas. Antes de pronunciar nada con demasiada rapidez, hizo una pausa por un momento y pensó en el amor de Dios por Él. ¡Dios era su Padre! Él sabía eso. Entonces, comenzó a contemplar el poder de Dios. Cualquier cosa era posible para Él; Él también sabía eso. Con esas dos grandes verdades, abrió su boca y le pidió a Dios un plan de contingencia: *"Abba, Padre, todo es posible para ti. No me hagas beber este trago amargo…"* (Marcos 14:36). Aún había cierta esperanza de que Dios abriese otro camino. Sin embargo, su mente se veía presionada por el constante pensamiento de que la cruz era el único camino de Dios. Entonces, Él hizo una oración de sumisión, diciendo: *"Pero no sea lo que yo quiero, sino lo que quieres tú"* (Marcos 14:36).

Esta única oración no dejó satisfecho a Jesús. Él oró las mismas palabras de nuevo con ligeros ajustes. Nada cambió, aparte de que sus discípulos se quedaron dormidos a pesar de su petición de que mantuviesen vigilia juntamente con Él (véase, por ejemplo, Marcos 14:37–41). Los discípulos no sentían la urgencia del momento. Solamente Cristo sabía lo que estaba a punto de suceder. Después de darse cuenta de que le habían dejado solo para orar, Jesús oró una segunda vez, pero en este caso sus palabras sugerían resignación: *"Padre mío, si no es posible evitar que yo beba este trago amargo, hágase tu voluntad"* (Mateo 26:42). Después de esto, oró una tercera vez, *"diciendo lo mismo"* (Mateo 26:44). Con estas palabras finales su oración fue respondida, no con la eliminación de ese trago amargo sino al recibir Él la fortaleza y el consuelo que necesitaba. Se apareció un ángel y le dio el poder que buscaba para cumplir la voluntad de Dios (véase Lucas 22:43).

La oración de sumisión es el tipo de oración más importante porque es el fundamento de todos los otros tipos de oración. A menos que aprenda a hacer la oración de sumisión, ninguno de los otros tipos de oración funcionará para usted.

Una vida sometida a Dios

La oración de Jesús en el huerto de Getsemaní no fue la única vez en que Él se sometió al Padre. De hecho, toda su vida fue un acto de sumisión. El escritor de Hebreos registró lo que Jesús dijo con respecto a su entrada en el mundo: *"He venido, oh Dios, a hacer tu voluntad"* (Hebreos 10:7). Jesús no vino a la tierra para sí mismo; vino para servir al Padre. Así, el propósito de la oración nunca es lograr la voluntad humana sino siempre llevar a buen fruto la voluntad de Dios. Si usted enfoca la oración como un medio hacia un fin, la satisfacción de sus deseos personales, está fallando el blanco. Debe considerar la oración como un proceso de unirse usted mismo con Dios de modo que Él pueda obrar por medio de usted. Cualquier otro entendimiento es inferior e incluso erróneo.

De hecho, el motivo por el que Dios respondió cada oración de Cristo, oraciones para sanar, oraciones para resucitar muertos, oraciones para calmar tormentas, oraciones para echar fuera demonios, oraciones para salvar a los perdidos, fue que Jesús se sometía a sí mismo mediante la oración. Tal como el escritor de Hebreos lo explicó: *"En los días de su vida mortal, Jesús ofreció oraciones y súplicas con fuerte clamor y lágrimas al que podía salvarlo de la muerte, y fue escuchado por su reverente sumisión"* (Hebreos 5:7). Usted puede pedir a Dios cualquier cosa, y Él se la dará, pero solamente si su vida está sometida a Él.

Aprender a someterse

El propósito principal de la oración de sumisión es vencer las tentaciones y pecados personales. Con mucha frecuencia, los creyentes oran para recibir más dinero o por sanidad, olvidando que lo más importante por lo cual orar es para recibir ayuda para vencer el pecado. La oración de sumisión fue diseñada para esta petición.

En este mundo caído, todos nosotros somos continuamente tentados a ir por nuestro propio camino, a hacer lo que queremos. Los discípulos hicieron precisamente eso después de que Jesús fuera arrestado. Pedro golpeó la oreja del sirviente del sumo sacerdote, que estaba entre quienes habían llegado para llevarse a Jesús, mientras que los demás se dispersaron por temor. Ellos respondieron en la carne porque no habían orado juntamente con Cristo para no caer en tentación. La oración podría haberlos guardado en el Espíritu. Caemos en la tentación no porque seamos débiles o porque la tentación sea demasiado fuerte, sino porque no hemos orado como deberíamos haberlo hecho. Las oraciones eficaces, especialmente las oraciones de sumisión, nos mantienen caminando en la voluntad de Dios.

Escuchar al Señor, no al hombre

Estaba yo enseñando en una reunión de Full Gospel Business Men's Fellowship [Hombres de Negocios del Evangelio Completo], en la que compartí mi historia de salvación y de ser llamado al ministerio. Mientras lo hacía, observé a un hombre que parecía ser especialmente afectado por mi mensaje. Era alto, con fino cabello rubio, y estaba atento a cada una de mis palabras. Después de la reunión, se acercó a mí y se presentó. "Hola, soy Barney Field", dijo. "Su historia me tocó. Yo soy un hombre de negocios, y estoy totalmente insatisfecho con lo que hago. Me siento llamado al ministerio pero, para obedecer a Dios, tendría que vender mi negocio y perder unos ingresos constantes. No sé qué hacer".

Muchas personas habrían aconsejado a Barney que se quedara en los negocios porque, después de todo, hay necesidad de personas de negocios cristianas, al igual que hay necesidad de más pastores cristianos. Otras personas podrían haber advertido a Barney, preguntándole si no estaba confundiendo el haber oído el llamamiento de Dios al ministerio.

Pero yo sé que Dios con frecuencia nos llama a hacer cosas difíciles, al igual que Jesús llamó a todos sus discípulos a dejarlo todo y seguirlo a Él (véase, por ejemplo, Mateo 8:19–22). Yo le dije a Barney: "Tiene usted que orar y decirle a Dios que está dispuesto a obedecerle, a pesar de cuál sea el costo. Dios le dará la fortaleza y la provisión que usted necesita para obedecer". Entonces, oramos juntos.

Estoy muy contento de haber dado la respuesta que di. Él fue obediente y, hasta la fecha, es un ministro destacado en nuestra ciudad, un hombre que alienta a otros pastores y otras iglesias a emular la piedad. Juntos, él y yo hemos sido fundamentales para oponernos a los planes radicales gay que los políticos de nuestra ciudad han estado fomentando. Barney Field es un gran ejemplo del poder de la oración de sumisión.

La sociedad no fomenta la sumisión. En cambio, nuestra cultura dice: "¡Sé tu propia persona!", y "¡Haz lo que tú quieras!". La mentalidad generalizada no establece a Dios como prioridad ni le considera con reverencia.

Priorizar los planes de Dios por encima de sus deseos personales

Para hacer realmente la oración de sumisión, usted debe ver la mayoría de sus deseos como son verdaderamente: opuestos a los de Dios. Tiene que admitir que su carne es débil. Con demasiada frecuencia pensamos que somos fuertes en nuestra propia capacidad, y suponemos que naturalmente nos inclinamos a hacer lo correcto. La Biblia suplica diferir. Nos dice que la humanidad está en oposición a Dios. Por tanto, por nosotros mismos hacemos las cosas equivocadas. Cometemos fornicación y adulterio (sea sincero: ¿cuántos de ustedes esperaron hasta casarse antes de practicar sexo?). Si nos dejan con nuestros propios planes, pensamos en razones para robar a Dios nuestros diezmos. Robamos horas que deberían ser empleadas trabajando para nuestros patrones. Cuando tenemos que hacer frente a embarazos "no deseados", optamos por el aborto. Si alguien hiere nuestros sentimientos, albergamos resentimiento en lugar de mostrar perdón. Si oímos algún jugoso escándalo, no podemos evitar murmurar al respecto. También está la adicción a las drogas, el abuso del alcohol, la pornografía, comer en exceso… la lista continúa. La carne es débil, sin duda.

Saco este punto no para condenarle, sino para hacer hincapié en lo egoístas que somos debido a nuestra carne débil. Desde luego, somos buenos en detectar debilidades en los demás, pero rara vez las reconocemos en nosotros mismos.

Una vez recibí un correo electrónico con el siguiente mensaje: "Me encanta su página en la Internet, con todos los artículos y programas de televisión, pero le desafío, hermano Tom, a ofrecer sus libros gratuitamente".

Yo respondí ese mensaje, diciendo: "Tengo otra idea. ¿Por qué no le dice usted a su jefe que trabajará gratuitamente?".

Desde entonces no he tenido respuesta. Nos encanta pensar que somos superiores a otros pero, en realidad, somos tan débiles como ellos. Por eso cada uno debe primero aprender a hacer la oración de sumisión a fin de fortalecer su vida de oración y hacer que sea más eficaz.

Reconocer la desobediencia y arrepentirse de ella

Jonás se metió en un lío tan grande como una ballena. Al igual que Jonás, usted también puede que se encuentre en un inmenso lío, ya sea que su matrimonio se esté desmoronando, sus hijos estén fuera de control, sus finanzas estén en quiebra, su cuerpo esté enfermo o su mente esté confundida. Imagine el pozo más profundo, y obtendrá un sentimiento de cómo debió de haberse sentido Jonás. Para empeorar aún más las cosas, estaba solamente él mismo a quien culpar de su posición. La desobediencia fue la razón de que se encontrara en el vientre de un pez. ¡La desobediencia es costosa! Usted puede reclamar las promesas de Dios, reprender al diablo e intentar hacer la oración de fe, pero ninguna oración funcionará hasta que haya hecho la oración de sumisión.

Esta es la oración que hizo Jonás en el vientre del pez: *"Yo, en cambio, te ofreceré sacrificios y cánticos de gratitud. Cumpliré las promesas que te hice"* (Jonás 2:9). Cuando Dios hubo oído su oración, el pez *"vómito a Jonás en tierra firme"* (Jonás 2:10); la oración de sumisión le hará llegar donde necesita ir usted.

Dios nos dio su Palabra, la Biblia, como un mapa de ruta para navegar por el serpenteante camino de la vida. Con frecuencia, sin embargo, nos encontramos desviándonos del curso porque no leemos las instrucciones. Es como intentar montar un mueble sin leer las indicaciones. Tomará más tiempo, y probablemente terminará teniendo que desmantelar su trabajo y comenzar otra vez desde cero. ¿Es así como siente que es su vida? ¿Le parece que está intentando construir su vida solamente para ver cómo se desmorona, de modo que tiene que comenzar de nuevo? Pruebe a consultar el mapa de ruta divino: ¡la Biblia! No tiene caso intentar hacer la oración de fe o la oración de petición a menos que haya hecho la oración de sumisión. ¡Todo comienza ahí!

Someterse al Señor por encima de todo lo demás

Beto se unió a nuestra iglesia cuando nuestra congregación era aún muy pequeña. Se había convertido en una prisión, y había sido ordenado en el ministerio. Se mudó a El Paso para llevar a cabo una obra misionera al otro lado de la frontera de México. Él y su esposa se ofrecieron para ayudarnos en cualquier cosa que pudieran. Disfrutamos mucho de su compañía y a menudo cenábamos juntos. Durante una de nuestras visitas, Beto me entregó un billete de cien dólares y me dijo que Dios le había dicho que nos diera ese dinero para uso personal, no ministerial. Nosotros le dimos gracias por su regalo.

Una semana después, recibí una llamada de Beto. Gritaba de manera histérica: "Pastor Brown, venga a nuestra casa de inmediato ¡y eche fuera de mi esposa al diablo!".

Le aseguré que estaríamos ahí lo antes posible. Después, le dije a Sonia que teníamos que visitar a Beto y su esposa. Mientras iba a buscar mis llaves, el Señor me habló y me dijo: *Tom, lleva los cien dólares contigo.*

"¿Por qué?", pregunté.

Cuando termines de hablar con ellos, Beto te pedirá que le devuelvas el dinero. Devuélveselo como una señal.

Me guardé los cien dólares en el bolsillo.

Cuando llegamos a su casa, Beto caminaba de un lado para otro, gritando con todas sus fuerzas: "¡Eche fuera de mi esposa al diablo!".

Intenté calmarle. "¿Qué sucede, Beto? ¿Por qué crees que tu esposa necesita liberación?".

"¡Porque no me obedece! ¡No escucha nada de lo que le digo!".

Me dirigí a su esposa. "¿Qué ocurre?".

Ella me explicó que Beto quería que ella firmara un préstamo bancario para una gran compra. Él tenía un historial de crédito mediocre y necesitaba que ella firmara para que le concedieran el préstamo. "No creo que sea sabio hacer esta compra", añadió ella. "No tenemos el dinero para cumplir con los pagos".

Beto le interrumpió: "No importa si tenemos el dinero o no; Dios dijo que debes obedecer a tu esposo. ¡Haz lo que te pido, o si no!".

"¿O si no qué, Beto?", preguntó ella.

Él apretó los puños. "Tendré que mandarte al hospital".

Yo me interpuse para detenerle, y dije: "Beto, no puedes amenazar así a tu esposa. Reflexionemos juntos sobre este tema".

"No quiero hablar sobre esto. Quiero que mi esposa firme el préstamo, ¡punto!". Continuó con su rabia y enojo.

Intenté calmar a Beto lo mejor que supe, pero me dijo: "Pastor, o cree en que las esposas deben obedecer a sus esposos o no. Dígale a mi esposa que debe obedecerme".

"Beto, no puedo decirle a tu esposa que tiene que firmar algo que ella no piensa que es sabio hacer".

"Entonces usted no cree en la sumisión. Está bien, no quiero seguir asistiendo a una iglesia que no les dice a las esposas que obedezcan a sus maridos en todo". Después, me miró enojado y añadió: "Pastor, quiero que me devuelva los cien dólares que le di".

Mientras metía mi mano en el bolsillo delantero y sacaba el dinero que él me había dado, le dije: "Beto, Dios me habló y me dijo que me pedirías que te devolviera el dinero, porque tu corazón se ha endurecido. Aquí está el dinero que nos diste. Este dinero te servirá de señal de tu desobediencia a Dios". Nunca volvimos a ver a Beto ni a su esposa.

La esposa de Beto no necesitaba que alguien hiciera una oración de liberación por ella; era Beto el que necesitaba oración, necesitaba hacer la oración de sumisión.

Quizá se encuentre usted en la misma posición que Beto, pensando que necesita esta o aquella oración, este o aquel dinero; sin embargo, lo que realmente necesita es *someterse* al Señor. ¿Por qué no lo hace ahora? Arrodíllese, incline su cabeza y confiese su desobediencia al Señor. Dígale que está listo para obedecerle. Cuando haya hecho la oración de sumisión con un corazón sincero, encontrará la fuerza para obedecer a Dios.

Capítulo 2

La oración de fe

¿Está enfermo alguno de ustedes?
Haga llamar a los ancianos de la iglesia para que oren por él
y lo unjan con aceite en el nombre del Señor. La oración de fe
sanará al enfermo y el Señor lo levantará.
—Santiago 5:14–15

La iglesia no se ha tomado en serio el pasaje anterior, especialmente en lo que concierne a la sanidad divina. No cabe duda de que la sanidad es una gran necesidad física. Muchas personas gastan los ahorros de su vida en recetas con la esperanza de recuperarse; sin embargo, la iglesia no ha apreciado el valor de esta promesa. Es simple, en realidad: si hacemos la oración de fe, los enfermos sanarán. No hay ningún pero ni condición al respecto. La oración de fe *sanará* al enfermo.

Esto nos lleva a un tema importante con respecto a la sanidad: ¿Promete Dios sanar o no? Si lo hace, entonces no debe dudar. No obstante, hay muchos creyentes sinceros que dudan de la promesa de Dios de sanar. Creen que Dios *puede* sanar, que tiene el poder para hacerlo, pero no tienen la certeza de que realmente haya prometido sanarnos. Si usted no tiene la seguridad de que Dios prometió sanidad, entonces no puede tener una fe verdadera cuando esté orando por sanidad.

"Ahora bien, tener fe es estar seguro de lo que se espera; es estar convencido de lo que no se ve" (Hebreos 11:1, RVC). La fe es estar siempre *"seguro"* y *"convencido"* de lo que espera aunque no lo vea. La fe no tiene incertidumbre. La fe siempre tiene certeza.

Santiago dejó claro que cuando ore, debe creer y no dudar, o de lo contrario no recibirá nada de Dios.

> *Pero que pida con fe, sin dudar, porque quien duda es como las olas del mar, agitadas y llevadas de un lado a otro por el viento. Quien es así no piense que va a recibir cosa alguna del Señor.* (Santiago 1:6–7)

Descubrir la voluntad de Dios

La única forma de estar seguro que sus oraciones recibirán respuesta es conocer la voluntad de Dios.

> *Ésta es la confianza que tenemos al acercarnos a Dios: que si pedimos conforme a su voluntad, él nos oye. Y si sabemos que Dios oye todas nuestras oraciones, podemos estar seguros de que ya tenemos lo que le hemos pedido.* (1 Juan 5:14–15)

Muchos expositores de la Biblia han leído mal este pasaje y han afirmado que no es posible conocer la voluntad de Dios. Su postura es que solo deberíamos decir: "Que se haga su voluntad". Sin embargo, no es eso lo que enseña este pasaje. Juan comenzó escribiendo: *"Ésta es la confianza que tenemos al acercarnos a Dios"*. Estaba hablando de la *"confianza"*. Cualquier otra interpretación imparte una falta de confianza.

Juan simplemente estaba diciendo algo obvio: si usted ora según la voluntad de Dios, puede tener la seguridad de que recibirá la respuesta. La confianza se construye sobre el conocimiento de la voluntad de Dios. Para demostrar que es posible conocer la voluntad de Dios, él dijo: *"Y si sabemos que Dios oye todas nuestras oraciones, podemos estar seguros de que ya tenemos lo que le hemos pedido"*. Así, usted puede "[saber] que Dios [le] oye", y como resultado, "estar [seguro] de que ya [tiene] lo que le [ha] pedido". Para poder acercarse a Dios con confianza, primero debe conocer la voluntad de Dios para lo que está pidiendo.

Quizá alguien se pregunte: "¿Cómo puedo saber cuál es la voluntad de Dios, si Él es Dios y yo no?". Es sencillo: la voluntad de Dios es la misma que sus promesas. Dios promete hacer solo lo que quiere hacer, aquello que está en consonancia con su voluntad. Nadie obliga a Dios a prometerle nada, así que si Él ha prometido hacer algo, sepa que es su voluntad hacerlo.

La voluntad de Dios se revela en sus promesas

Su fe no flaqueó, aunque [Abraham] reconocía que su cuerpo estaba como muerto, pues ya tenía unos cien años, y que también estaba muerta la matriz de Sara. Ante la promesa de Dios no vaciló como un incrédulo, sino que se reafirmó en su fe y dio gloria a Dios, plenamente convencido de que Dios tenía poder para cumplir lo que había prometido. (Romanos 4:19–21)

Abraham estaba *"plenamente convencido"* de que sus esperanzas se harían realidad. La plena convicción no deja lugar para la duda. Lo que hizo que Abraham estuviera plenamente convencido fue *"la promesa de Dios"*. No estaba plenamente convencido porque sentía que su necesidad era legítima, ni porque sintiera que su causa era justa. ¡No! Estaba plenamente convencido por una cosa: Dios le había prometido un hijo. La promesa no dejó espacio para la duda.

Abraham conocía la promesa de antemano. No se limitó simplemente a orar por un hijo y luego, cuando finalmente lo recibió, dedujo que debía de haber sido la voluntad de Dios darle un hijo. No es así como funciona la fe. Usted debe tener la "*certeza de lo que no se ve*" (Hebreos 11:1). La certeza precede a lo que se ve. No puede esperar a ver y después tener la certeza. Eso no es fe. "*Vivimos por fe, no por vista*" (2 Corintios 5:7). Si ver algo le hace creer, usted no es realmente un creyente. Es al revés. Creer le hará ver. Tiene que creer la promesa que aún no "*ve*". Abraham hizo justamente eso. Creyó antes de ver. La base para su seguridad fue la promesa de Dios.

La promesa de salvación

La salvación viene a través de la oración de fe. Alguien podría decir: "¿A qué se refiere? Yo pensaba que era la oración de salvación lo que salva a la gente".

La oración de salvación *es* la oración de fe. Está basada en la promesa de Dios de salvar a un pecador si dicha persona ora y hace a Jesús el Señor de su vida. La oración de salvación está basada en Romanos 10:8–10:

> ¿*Qué afirma entonces* [estar en paz con Dios]? "*La palabra está cerca de ti; la tienes en la boca y en el corazón*". *Ésta es la palabra de fe que predicamos: que si confiesas con tu boca que Jesús es el Señor, y crees en tu corazón que Dios lo levantó de entre los muertos, serás salvo. Porque con el corazón se cree para ser justificado, pero con la boca se confiesa para ser salvo.*

Este es el acuerdo que Dios hace con cada pecador: Él salva a todo pecador que ora, diciendo: "¡Jesús es Señor!". Esta es la promesa de Dios. Como hemos aprendido, la oración de fe está basada en las promesas de Dios, y como la salvación es una promesa de Dios, puede estar seguro de que Dios le salvará si hace esta oración:

Amado Dios, en el nombre de Jesús, creo que levantaste a Jesús de entre los muertos, y confieso que Él es mi Señor. Amén.

Esta sencilla oración es como un contrato que usted hace con Dios. Usted cumple con su obligación de hacer a Jesús el Señor de su vida, y a cambio, Dios promete salvarle. Eso es fe.

Raramente pasa una semana sin que reciba algún correo de personas que se preguntan si habrán sido salvas o no, incluso aunque hayan aceptado a Cristo como Señor. El problema es que no le creen a Dios y en su lugar están esperando algún sentimiento o alguna sensación de santidad que les convenza de que son salvos. Han permitido que las falsedades de Satanás les convenzan de que no son dignos de la salvación, quizá incluso que han cometido algún pecado imperdonable. Esas personas saben que Satanás es el padre de la mentira, ¡y sin embargo le creen antes que a Dios! Como resultado, no reciben el gozo que viene al tener la seguridad de la salvación. Quizá son salvos, pero no tienen el gozo y la paz que produce la salvación.

Después de haber hecho la oración de fe, no puede seguir actuando en base a sus sentimientos. Debe creer a Dios y saber que Él ha respondido de inmediato a la oración. Cuando se trata de las promesas de Dios y el cumplimiento de ellas, sus sentimientos son irrelevantes.

Cuando me casé, le pronuncié mis votos a Sonia, y ella me declaró a mí sus votos. En el instante en que dijimos esas palabras, estábamos casados. Ahora bien, yo no me *sentía* casado. Esperaba que algún sentimiento me sobrecogiera y me informara de que estaba casado. ¡Y llevo esperando casi tres décadas a sentirme casado! Si le dijera a mi esposa: "Sabes

Sonia, nunca he sentido que estoy casado contigo en todos estos años, así que no creo que estemos casados en verdad", ella pensaría que había perdido el juicio.

Desgraciadamente, eso es exactamente lo que les ocurre a muchas personas después de hacer la oración de salvación. No *sienten* que sean salvos porque esperan que algún sentimiento que no es de este mundo confirme su salvación. Ellos *son* salvos, no porque se sientan distintos, sino porque Dios lo ha prometido. Experimentarán el gozo y la paz de la salvación solo cuando dejen de depender de sus emociones y comiencen a confiar en la promesa de salvación eterna de Dios.

La promesa de sanidad

Al comienzo de este capítulo hablamos acerca de la oración de fe para sanar a los enfermos. Nuestra seguridad en la oración de fe para sanidad está basada en las promesas de sanidad de Dios.

La sanidad es un beneficio de ser hijo de Dios mediante la salvación. El salmista dejó claro esta idea cuando escribió: *"Alaba, alma mía, al Señor, y no olvides ninguno de sus beneficios. Él perdona todos tus pecados y sana todas tus dolencias"* (Salmos 103:2–3). Repito: el perdón de pecados y la sanidad son ambos *"beneficios"*. La mayoría de los evangélicos creen que un pecador debería tener certeza cuando hace la "oración del pecador" para salvación pero no cuando ora por sanidad, ya sea para sí mismo o para otros. Sin embargo, la sanidad es un beneficio de la salvación tanto como lo es el perdón de pecados. El salmista llega a decir que es Dios el que *"sana todas tus dolencias"*. ¡Ninguna dolencia está exenta del poder sanador del Señor! Por la Escritura, tenemos la base suficiente para creer que *todas* nuestras dolencias serán sanadas. Si no es así, entonces ¿cómo puede esperar que sean perdonados *"todos tus pecados"*?

La palabra usada para *"beneficios"* en este salmo es el término legal para las bendiciones que reciben los "benefactores" como consecuencia de un pacto. En otras palabras, estas bendiciones se les deben a esas personas debido a un acuerdo legal que Dios hizo con ellas. El perdón y la sanidad son parte de la herencia que les corresponde legalmente a los hijos de Dios. Esto significa que Dios está de acuerdo, de antemano, en perdonarnos y sanarnos. No hay duda del acuerdo de Dios para hacer estas cosas. Tenemos la seguridad de que estas bendiciones son nuestra herencia. Son beneficios que nos corresponden a nosotros, los beneficiarios. Esto significa que el pacto que se estableció en la cruz también incluyó la bendición de la sanidad y la salud.

La base de nuestro perdón y sanidad igualmente es la cruz. La mayoría de los creyentes conocen los pasajes de las Escrituras que hablan de que nuestros pecados fueron depositados sobre Cristo, pero olvidan que nuestras enfermedades se pusieron sobre Él al mismo tiempo: *"Él cargó con nuestras enfermedades y soportó nuestros dolores"* (Mateo 8:17). Mateo, mediante la inspiración del Espíritu Santo, citó el gran capítulo de la expiación de Isaías, el capítulo 53, y demostró que toda sanidad está basada en el simple hecho de que Cristo *"cargó con nuestras enfermedades y soportó nuestros dolores"*. Ya que Él se llevó sus enfermedades así como se llevó sus pecados, puede orar con la seguridad de que Dios le sanará.[1]

La promesa del Espíritu Santo

Otra gran bendición que podemos reclamar es el don del Espíritu Santo.

---

1. Para una explicación más amplia de la sanidad mediante la redención, consulte mi libro *Romper Maldiciones, Experimentar Sanidad* (New Kensington, PA: Whitaker House, 2011).

> *Arrepiéntase y bautícese cada uno de ustedes en el nombre de Jesucristo para perdón de sus pecados —les contestó Pedro—, y recibirán el don del Espíritu Santo. En efecto, la promesa es para ustedes, para sus hijos y para todos los extranjeros, es decir, para todos aquellos a quienes el Señor nuestro Dios quiera llamar.*
>
> (Hechos 2:38–39)

No cabe duda que *"el don del Espíritu Santo"* es *"la promesa"* y que esa promesa es *"para ustedes, para sus hijos y para todos los extranjeros"*.

Sí, el Espíritu Santo es *"la promesa"*. Como Dios nos prometió el Espíritu Santo, nadie debería dudar de si puede o no orar en fe para recibir el don del Espíritu Santo. El Espíritu Santo es el don más importante que Dios nos ha dado, y vivir sin ese don es una tragedia. El don es tan trascendental que el Señor, en su enseñanza acerca de la oración, nos dijo que pidiéramos específicamente el Espíritu Santo:

> *¿Quién de ustedes que sea padre, si su hijo le pide un pescado, le dará en cambio una serpiente? ¿O si le pide un huevo, le dará un escorpión? Pues si ustedes, aun siendo malos, saben dar cosas buenas a sus hijos, ¡cuánto más el Padre celestial dará el Espíritu Santo a quienes se lo pidan!* (Lucas 11:11–13)

Muchos hijos de Dios son reticentes a pedir el Espíritu Santo. A veces, son reticentes porque piensan que ya recibieron el Espíritu cuando fueron salvos. Aunque no cabe duda de que el Espíritu Santo viene a morar en nosotros cuando somos salvos, hay un don especial que el Padre quiere dar a sus hijos.

Gordon-John asistió a una escuela bíblica conservadora antes de encontrar un trabajo con la compañía El Paso Ballet. Buscaba una iglesia y finalmente se unió a nuestra congregación, atraído por nuestro compromiso con la Palabra de Dios y nuestra afabilidad. Sin embargo, tenía un problema con un asunto: el bautismo en el Espíritu Santo.

En su instituto bíblico le habían enseñado que cuando uno es salvo, automáticamente queda bautizado en el Espíritu, así que no hay otro don especial que recibir después de la salvación. Gordon-John tenía un conflicto, y discutía conmigo una y otra vez argumentando que él ya había sido bautizado en el Espíritu, y que por tanto no tenía necesidad de orar y volver a pedírselo al Padre. Procedí entonces a mostrarle los muchos lugares en las Escrituras donde se mencionan dos bautismos: un bautismo en agua, que tiene que ver con nuestra salvación, y un bautismo en el Espíritu, que tiene que ver con el poder que necesitamos para ser testigos eficaces para Cristo. Gordon-John se llevó esos versículos a casa y comenzó a estudiar la Palabra por sí mismo.

Pocos días después, justamente minutos antes de que comenzáramos un estudio bíblico, se acercó a mí y me dijo: "Imponga manos sobre mí, Pastor Tom. Veo que en la Palabra hay un don que mi Padre quiere darme, y estoy listo para recibir el Espíritu Santo". Impuse manos sobre él, y al instante comenzó a hablar en lenguas, como me pasó a mí cuando fui bautizado en el Espíritu. Cuando recibió el Espíritu Santo, sus ojos se abrieron a las muchas bendiciones que Dios le había dado de las que no había sido consciente hasta entonces. Esta es una de las grandes bendiciones que el Espíritu Santo le dará a usted: Él revelará todo lo que Cristo quiere darle.

Gordon-John finalmente fue a Rhema Bible Training Center para aprender más acerca del ministerio dirigido por el Espíritu. Después, regresó a su país natal de Malta, donde comenzó una iglesia con su esposa Mariella. Aunque su iglesia es joven, ya es la iglesia carismática más grande del país, y también una de las iglesias evangélicas más grandes de allí. Él atribuye su éxito al hecho de haber recibido el don del Espíritu Santo.

La otra razón por la que algunas personas son reticentes a recibir el Espíritu Santo es que tienen miedo a lo sobrenatural. ¿No es interesante que Jesús comparase la idea de pedir al Padre el Espíritu Santo con pedir a un padre natural un huevo, con la seguridad de que no recibiríamos un escorpión? ¿Quién esperaría jamás recibir algo tan peligroso como un escorpión de su padre al pedirle un huevo? Jesús estaba disipando nuestros temores asegurándonos que no hay nada que temer al pedir al Padre el Espíritu Santo.

Sí, recibirá las habilidades sobrenaturales que necesita, pero esas habilidades son buenas y no malas. Es *bueno* hablar en lenguas, sanar a los enfermos y profetizar. No deje que estos dones le asusten. Puede que le sobrecoja pensar que Dios pueda darle estas poderosas habilidades, pero no debe tenerles miedo.

La otra cosa digna de mención es que no debe dudar cuando le pida a Dios Padre el Espíritu Santo. No actúe en base a sus sentimientos. Si ora por sanidad pero sigue sintiendo algunos síntomas, no comience a dudar del hecho de que, según Jesús, ya ha sido sanado. No, debe afirmar que tiene la sanidad, aunque los síntomas aún persistan. Lo mismo ocurre con el Espíritu Santo: debe creer que tiene el Espíritu Santo cuando le pida al Padre este don, aunque no vea ningún indicador inmediato. Algunas personas se desaniman porque escuchan de alguien como mi amigo Gordon-John, que habló en lenguas al instante, y se preguntan por qué ellos no pueden hablar en lenguas inmediatamente. Si usted aún no ha experimentado una manifestación de su don, no deje que eso le incomode. Aunque siempre animo a la gente a esperar hablar en lenguas, a menudo es necesario creer, en fe, que tiene el don del Espíritu Santo antes de que se manifieste el don de lenguas.

Cuando Bonnie se convirtió en un nuevo miembro de nuestra iglesia, se acercó al frente para recibir el don del Espíritu Santo y se decepcionó porque no habló en lenguas. Le dije: "Bonnie, crea que ha recibido el don. Debe creer antes de tener cualquier evidencia. Como le ha pedido al Padre el Espíritu Santo, Él se lo ha dado. Ahora, dé gracias a Dios por todas las manifestaciones del Espíritu Santo. Diga: 'Señor, quiero darte gracias por darme el Espíritu Santo en la iglesia durante la reunión del domingo. Te doy gracias por el don de lenguas'".

Bonnie le dio gracias a Dios por el don del Espíritu Santo casi cada día. Entonces, un día, mientras estaba aspirando su casa, comenzó a hablar en lenguas. Las lágrimas comenzaron a correr por su rostro por la fidelidad de Dios. A veces, tiene que creer que ha recibido lo que ha pedido, como le pasó a Bonnie, antes de que haya ninguna evidencia física. No permita que la duda le robe lo que Dios le ha prometido.

Capítulo 3

La oración de petición

No se inquieten por nada; más bien, en toda ocasión, con
oración y ruego, presenten sus peticiones a Dios y denle gracias.
Y la paz de Dios, que sobrepasa todo entendimiento, cuidará sus
corazones y sus pensamientos en Cristo Jesús.
—Filipenses 4:6–7

Durante mucho tiempo, nunca supe cuál era la diferencia entre la oración de fe y la oración de petición. Probablemente asumía que eran lo mismo, pero hay varias diferencias importantes entre las dos.

Principios de la petición

Hacer una petición significa realizar una solicitud formal. En mi ciudad, ayudé dirigiendo la petición de anular la decisión del ayuntamiento de nuestra ciudad de dar beneficios de sanidad a las parejas no casadas y las parejas del mismo sexo de los empleados de la ciudad. En una petición, se usa un lenguaje legal simple para expresar su solicitud. Como es una solicitud, no hay garantía de que la vayan a conceder. De hecho, la primera solicitud que nuestro grupo con mentalidad familiar hizo fue rechazada por el ayuntamiento. Así que pusimos la segunda solicitud ante los votantes de El Paso. Esta vez la aceptaron por una mayoría abrumadora de votos.

El resultado nunca está garantizado

Lo primero que debe reconocer en una petición a Dios es que Él no está obligado a concederle su petición. En este sentido, una petición se diferencia de la oración de fe, la cual cuenta con una respuesta afirmativa debido a algo que Dios ha prometido. En una petición, usted le pide a Dios que haga algo que Él no ha dicho específicamente que haría. Sin embargo, usted confía en que por la sabiduría, generosidad y amor de Dios responderá a su petición cuando lo vea oportuno. Usted sabe cuánto cuida Dios de usted, así que le pide algo basado en su compasión y sabiduría. Como es una "petición", podría ser denegada. No obstante, Dios nunca actuará de una forma que contradiga sus promesas. Él es siempre fiel para cumplirlas.

Por tanto, una petición a Dios es una petición humilde. Cuando usted hace una petición, no se apoya en las promesas de Él sino en una calmada confianza en que Él le dará su petición si es lo mejor para usted. A la vez, si Dios no le concede su petición, no debe suponer erróneamente que a Dios ya no le importa. Quizá Él tenga algo incluso mejor preparado para usted.

Permítame darle un ejemplo. Dios promete suplir todas sus necesidades, y una forma común de que supla nuestras necesidades es encontrando un trabajo. Digamos que usted oye que hay una tienda que está buscando personal, así que entrega su currículum y le pide a Dios que le dé el trabajo que está solicitando. Es cierto que Dios ha prometido suplir sus necesidades; sin embargo, usted no tiene manera de saber que Dios quiera hacerlo a través de ese trabajo concreto en esa tienda en particular. Suponga que Él sabe que hay un trabajo mejor listo para usted. ¿Realmente querría que Dios le diera el trabajo en esa tienda donde usted entregó su currículum?

Claro que no. Usted querría el mejor trabajo que hubiera, uno que le hiciera sentirse realizado y donde pudiera ganar el máximo de dinero. Así que aunque quizá le está pidiendo a Dios el trabajo en la tienda, no se decepcionará si no lo consigue, sino que sencillamente confiará en que Dios tiene algo mejor para usted.

La petición no otorga el poder de manipular

Usted no puede "reclamar" por fe que un trabajo es suyo, puesto que no hay ninguna promesa de Dios que diga que Él le dará un trabajo en particular. A veces, las personas cometen el error de usar los principios de la oración de fe en áreas donde es más apropiada la oración de petición. Esto ocurre con más frecuencia en cuanto al tema de encontrar una pareja.

Muchas personas que han estado solteras durante mucho tiempo, orando por años para que Dios les diera una buena pareja, se desesperan, así que cuando llega alguien que encaja en el criterio que tienen en mente, comienzan a "reclamar" a dicha persona como su futuro esposo o esposa.

Esto me recuerda una historia que oí acerca de una mujer que ve a un hombre en el metro y le dice: "Se parece usted a mi cuarto marido".

El hombre se queda perplejo. "Señora", pregunta, "¿cuántas veces se ha casado?".

Ella le pestañea sutilmente y le dice: "Tres".

Dios sabe que usted quiere casarse, y quiere concederle los deseos de su corazón. Sin embargo, usted no puede ir por la vida reclamando a las personas como su pareja. Puede pedirle a Dios que le dé una pareja, incluso puede orar específicamente por una persona concreta, pero no puede reclamar a esa persona por fe. Si lo hace, le estará tratando como un objeto a poseer. En vez de eso, debe entender que cada persona tiene derecho a escoger con quién casarse, y usted no puede controlar la voluntad de nadie.

Christopher se encontró con mi página web durante una búsqueda de cómo conseguir que Dios responda las oraciones. Tras leer uno de mis artículos, se convenció de que tenía el secreto para conseguir que su exnovia se reconciliara con él. Incluso me escribió pidiéndome que orase para que esa mujer regresara con él.

Tuve que explicar a Christopher que la oración no funciona así. Se decepcionó de que yo no quisiera orar con él. Le dije que Dios sabe que él quiere casarse con esta mujer pero que no puede manipular a otras personas a través de la oración. Por la forma en que algunas personas oran, bien podrían también conseguir una muñeca de vudú y clavarle agujas por el cuerpo, porque están intentando imponer su voluntad en otras personas.

Después de haber pedido...

La oración de petición es la manera de orar por cualquier necesidad legítima o deseo que Dios no le haya prometido específicamente. Usted presenta su solicitud a Dios, sabiendo que Él es sabio y benevolente. Si le parece que Dios no ha sido benevolente, puede estar seguro de que es sabio.

Confíe en Dios; Él sabe lo que es mejor

Dios sabe cuándo aquello que usted le está pidiendo no es lo que más le conviene. Él siempre le dará lo mejor, no los mejores segundos deseos que se nos ocurren.

Charles Neiman cuenta una historia divertida acerca de sus años de adolescente. Quería desesperadamente un

Corvette, y rogaba una y otra vez a su papá que le diera el tan ansiado automóvil.

Su papá le respondió: "Hijo, te amo demasiado como para darte un Corvette".

Sin embargo, sus palabras no encajaban en la mente de un adolescente. *Si mi papá me amase, me haría feliz dándome un Corvette*, razonaba el joven Charles.

De nuevo le rogó, y esta vez su papá dijo: "Hijo, la razón por la que no te compraré un Corvette es porque no eres lo suficientemente maduro como para manejar la velocidad de ese auto. Te conozco, hijo, y sé que sobrepasarás el límite de velocidad para probar el límite del automóvil. Después, un día, encontraré tu Corvette empotrado en un poste de teléfonos".

Charles le dijo que respetaría las leyes, pero, incluso con su automóvil más lento, encontró una manera de acumular multas por exceso de velocidad. Si le hubieran comprado el Corvette, probablemente hubiera causado daños a otras personas o a sí mismo. Aprendió que su papá, en amor, había dicho que no por su bien.

Tiene usted que entender que Dios, en su infinito amor y sabiduría, sabe si usted está o no listo para la bendición que está pidiendo. A su tiempo, será más maduro para manejar sus deseos.

Descanse en su paz

La primera respuesta que Dios le da cuando hace la oración de petición es paz de mente. "*Y la paz de Dios, que sobrepasa todo entendimiento, cuidará sus corazones y sus pensamientos en Cristo Jesús*" (Filipenses 4:7). Yo he sentido la paz que describe Pablo, una y otra vez. Aunque no tenía un gran fundamento para mi oración de petición, sabía que Dios o bien respondería mi oración directamente o me daría una respuesta mejor. En cualquier caso, sabía que estaba en la voluntad de Dios. Solamente me llegaría el bien.

Permítame ilustrar la diferencia ente la oración de fe y la oración de petición con una analogía de los deportes. Yo soy abonado del equipo de fútbol americano de los Dallas Cowboys. Mi abono me garantiza la entrada a todos los partidos que jueguen en casa. Nunca tengo que preguntarme si mi abono me permitirá entrar a un partido, porque sé que sí lo hará. No tengo razón para dudar de ello. En esta analogía, la confianza con la que voy a las puertas del estadio es similar a la oración de fe. Mi abono es una garantía de las promesas de Dios para sanarme, salvarme y suplir todas mis necesidades. Así, hacer la oración de fe es parecido a ser un abonado: puede tener la certeza de que le "dejarán entrar", de que cada oración que esté basada en las promesas de Dios le dará el resultado prometido.

Ahora bien, esta es una salvedad que ilustra la diferencia entre la oración de fe y la oración de petición. Mi abono me garantiza la entrada al estadio, pero no me garantiza que los Cowboys ganen el partido.

¿Ve la diferencia? Dios promete suplir todas sus necesidades, pero no le da garantía de *cómo* lo hará. Una oración de petición le lleva más allá de las promesas de Dios en que usted no le pide a Dios que vaya en contra de sus promesas, eso sería necio y vano, sino que especifica una manera en que desea que Dios les bendiga a usted y a sus seres queridos. Sin embargo, no tiene garantía de que sus peticiones se cumplan de la manera que ha especificado. Aun así, usted le deja los resultados a Dios, confiando totalmente en Él y experimentando su paz como resultado. La paz es la única garantía de cada oración de petición.

No obstante, no experimentará la paz de Dios si no aprecia su sabiduría, especialmente si su petición no recibe respuesta o si la respuesta difiere de lo que usted esperaba que fuera. Si no aprecia la sabiduría de Dios, tenderá a tener miedo o a preocuparse por sus necesidades y deseos. Perderá la paz, quizá incluso pierda el sueño, y puede que se enoje o indigne, pensando que Dios no le ha ayudado como pensaba que debería haberlo hecho.

La falta de paz siempre sigue al no saber reconocer la sabiduría de Dios como superior a su propia sabiduría, no saber reconocer que Él sabe qué es lo mejor.

Aunque…

+ no consiguiera el ascenso por el que oraba,
+ no le aceptaran en las primeras opciones de universidades,
+ esa chica tan bonita rechazara su invitación a ir al baile,
+ su novio no le pidió que se casaran,
+ no ganara el concurso,
+ el proyecto que anhelaba se lo dieran a otra persona,
+ no consiguiera la casa que quería
+ no le dieran el papel principal en la obra de teatro,
+ no desapareciera su calvicie,
+ no vendiera ese artículo al precio que quería, o
+ no ganaran los Cowboys…

…puede decir: "¿Y qué importa?". ¿Por qué? Porque tiene la paz que sobrepasa todo entendimiento. Puede pensar que hubiera estado bien haber recibido la respuesta que quería, pero Dios no estuvo de acuerdo, o de lo contrario se la hubiera concedido. Sin embargo, se siente cómodo confiando en la sabiduría de Él.

Reorientar los deseos de su corazón

David escribió: *"Deléitate en el Señor, y él te concederá los deseos de tu corazón"* (Salmos 37:4). Los deseos de su corazón no están basados necesariamente en una promesa específica de Dios. Usted simplemente desea algo, un papel en la obra, un llamado a predicar la Palabra, una editorial que acepte su manuscrito y lo convierta en un libro, y cosas así. Todos tenemos muchos deseos distintos. Lo hermoso del versículo de arriba es que Dios promete darnos los deseos de nuestro corazón, mientras nos deleitemos en Él. Ese es el secreto.

Si parece que Dios no está concediéndonos nuestros deseos, es debido a que realmente no nos estamos *deleitando* en Él. Nos deleitamos más en nuestros deseos que en nuestra adoración a Él. A menudo conozco a personas que tienen deseos ambiciosos, y a la vez parecen frustrados porque sus sueños no se hacen realidad. La mayoría de las veces, se debe a que no se deleitan en el Señor como debieran.

Desgraciadamente, para algunas personas, deleitarse en el Señor es secundario a deleitarse en sus propios deseos. Hacen todo lo posible para que se cumplan sus sueños, pero finalmente, nunca encuentran la verdadera satisfacción.

Observe que el Salmo 37:4 no dice que deba "hacer lo correcto", sino que dice que debe "deleitarse" en el Señor. El deleite tiene que ver con sus deseos internos. Se refiere a sus gustos, sus preferencias. Deleitarse en leer la Palabra. Deleitarse en ir a la iglesia. Deleitarse en alabar, adorar y servir a Dios. No basta con servir a Dios; debe *deleitarse* al servirle. Debe tener la actitud correcta al servir a Dios. No puede simplemente ir arrastras a la iglesia y esforzarse por no dormirse durante el mensaje. Debería caminar con brío en sus pasos y cantar en su corazón mientras entra en la iglesia. Durante el mensaje, debería estar al borde de su asiento, prestando atención y tomando notas. En otras palabras, debería alegrarse en el Señor en vez de verle como una carga. Cuando verdaderamente tiene el gozo del Señor, encontrará más placer en servirle que en el cumplimiento de incluso los sueños más ambiciosos de su corazón.

Hay una razón práctica para deleitarse en el Señor. Deleitarse en el Señor hace que cambien sus deseos de modo que se acerquen más a los deseos de Dios, lo cual incluye su perfecta voluntad para su vida. Como sabrá, muchos de sus deseos no provienen del corazón sino de la carne, y su origen es importante, como veremos. Los deseos del corazón son espirituales, mientras que los deseos de la carne son carnales.

Discernir el origen de los deseos de su corazón

¿Cómo sabe si sus deseos son espirituales o carnales? La mejor manera es deleitarse en el Señor, quien filtrará de su carne cualquier deseo que no esté alineado con su voluntad, reemplazándolo por los deseos que Él quiere que usted tenga. Así, cuando David dijo que Dios *"te concederá los deseos de tu corazón"*, puede que quisiera decir que al deleitarse en el Señor, Dios pondrá los deseos adecuados en usted. Esos deseos podrían incluir el deseo de convertirse en pastor, de comenzar una empresa, de declararse a cierta mujer, y un largo sinfín de cosas. Cuando esos deseos vienen del Señor, no son carnales sino espirituales: del corazón.

Algunas personas me acusan de ser demasiado ambicioso. Cuestionan mis motivos, diciendo cosas como: "Probablemente escribe libros para hacer dinero", "Sale en televisión para ser famoso", y "Pastorea una gran congregación para sentirse poderoso". Aunque estas acusaciones parecen legítimas, siento que los deseos de pastorear, de predicar la Palabra en la televisión y de escribir libros surgen de mi práctica de deleitarme en el Señor, y que Él puso esos deseos en mi corazón. Definitivamente siento un deseo de hacer estas cosas, pero estoy convencido de que la raíz de estos deseos es un corazón que ha nacido de nuevo en vez de una carne que aún no ha sido regenerada.

Cuando era joven, quería ser futbolista profesional. Era uno de los mejores atletas de la escuela, a pesar de mi corta estatura. Pero me di cuenta de que, si no crecía, nunca llegaría a ser un atleta profesional. Así que oré a Dios para que me hiciera crecer. No oraba solo de vez en cuando; esto se convirtió en una obsesión para mí. Anhelaba enormemente ser más alto y jugar al futbol profesionalmente. Sin embargo, cuanto más tiempo pasaba con el Señor, más se desvanecía mi deseo de ser más alto, y se reemplazaba gradualmente por un deseo de predicar la Palabra.

¿Me concedió Dios mi petición de ser más alto? No; sigo siendo bajito, pero Él reemplazó ese deseo por otro deseo, uno que Él escogió. Ya no me preocupa mi estatura. Me preocupa estar ungido, y eso se ha convertido en mi pasión. Ahora sé que Dios no me concedió mi petición de ser más alto porque no era parte de su plan para mi vida. En su lugar, plantó en mi corazón un buen deseo de enseñar la Palabra. Esto no significa que yo estuviera equivocado al pedirle a Dios que me hiciera ser más alto. Recuerde: debemos llevar cada petición delante de Dios (véase Filipenses 4:6). Él no se enoja por las oraciones que proceden de un corazón puro. Le animo a orar para que se cumplan sus deseos, cualesquiera que sean. A la vez, le animo aún más a acercarse a Dios para que Él pueda obrar con más eficacia en su corazón y en sus deseos.

Evalúe sus motivos

No tienen, porque no piden. Y cuando piden, no reciben porque piden con malas intenciones, para satisfacer sus propias pasiones.   (Santiago 4:2–3)

Este pasaje dice dos cosas importantes: primero, usted no recibe de Dios cuando no le pide. Hay varias razones por las que no pide. Quizá está demasiado avergonzado. Quizá cree que su petición no es importante para Él. O quizá no cree que realmente le vaya a conceder lo que quiere. Sea cual fuere la razón, no le pide a Dios lo que quiere, y por eso nunca lo recibe.

El segundo punto es incluso más importante: no recibe de Dios cuando pide con los motivos incorrectos. Sus motivos son las compulsiones internas que le mueven. A Dios le importa el motivo por el que usted quiere algo. Aunque le esté pidiendo a Dios que haga crecer su ministerio, a menos que sus motivos sean los correctos, no recibirá lo que quiere. Si su objetivo es hacer más dinero, obtener poder y prestigio, demostrar algo a los demás y cosas semejantes, sus motivos no son puros.

A Dios le importan mucho sus motivos. Él quiere que a usted le motive el deseo de agradarle y de servir a otros. Si esta es su motivación, Dios no le retendrá nada; *"Hará que tu justicia resplandezca como el alba; tu justa causa, como el sol de mediodía"* (Salmos 37:6). Es más fácil ver al amanecer que en la noche. Sin embargo, la mejor luz para ver es a mediodía. Lo mismo ocurre con nosotros: al principio, pensamos que un deseo en concreto es bueno, así que se lo pedimos a Dios. Después, a medida que el día avanza y el sol pasa por encima de nosotros, podemos ver con más claridad; quizá comenzamos a reconocer un motivo incorrecto. La justicia de nuestra causa se esclarece ante nosotros. Vemos mejor de lo que veíamos al principio.

David escribió: *"Guarda silencio ante el Señor, y espera en él con paciencia"* (Salmos 37:7). No se preocupe demasiado si hizo una oración y no ha recibido respuesta aún. En cambio, espere pacientemente a que el Señor responda su oración o le muestre algo mejor.

Capítulo 4

La oración de acuerdo

Si dos de ustedes en la tierra se ponen de acuerdo sobre cualquier cosa que pidan, les será concedida por mi Padre que está en el cielo. Porque donde dos o tres se reúnen en mi nombre, allí estoy yo en medio de ellos.
—Mateo 18:19–20

En un banquete de bodas, una mujer dijo: "Pastor, permítame presentarle a mi esposo. Ha tenido migrañas constantes, y me he enterado de su ministerio de sanidad. ¿Podría orar por él?".

Miré al hombre. "¿Le gustaría que orase por usted?".

Sorprendentemente, dijo: "No necesito que nadie ore por mí. Dios me escucha".

Lo que dijo era una verdad a medias. Por supuesto, Dios escucha las oraciones de sus hijos. Todo creyente tiene el mismo estándar con Dios, quien no muestra parcialidad cuando se trata de escuchar nuestras oraciones. Esto es lo que el esposo de esa señora tenía en mente cuando dijo que no necesitaba que yo orase por él. Él no creía que mis oraciones fueran a ser más eficaces que las demás oraciones que ya se habían hecho, y tenía razón. Sin embargo, era claro que estaba subestimando el poder de orar con otros creyentes por el mismo asunto.

Jesús dijo: *"Si dos de ustedes en la tierra se ponen de acuerdo sobre cualquier cosa que pidan, les será concedida por mi Padre que está en el cielo. Porque donde dos o tres se reúnen en mi nombre, allí estoy yo en medio de ellos"* (Mateo 18:19–20). Si Jesús no esperaba que orásemos juntos, entonces no nos habría dado esta promesa tan especial. Ciertamente, Jesús modeló la oración individual, pero también nos dio una promesa especial de que si dos o más personas oran por algo, el Padre se lo concederá.

Hay un poder en la oración de varios que no se encuentra en la oración individual. Mire estos versículos adicionales de la Palabra de Dios como prueba:

> *¿Cómo podría un hombre perseguir a mil si su Roca no los hubiera vendido? ¿Cómo podrían dos hacer huir a diez mil si el Señor no los hubiera entregado?*
> (Deuteronomio 32:30)

> *Cinco de ustedes perseguirán a cien, y cien de ustedes perseguirán a diez mil, y ante ustedes sus enemigos caerán a filo de espada.* (Levítico 26:8)

Observe en el versículo de Deuteronomio que un hombre puede perseguir a mil, pero dos hombres trabajando juntos pueden hacer huir a diez mil. Si están separados, trabajando por separado el uno del otro, pueden hacer huir a dos mil, pero cuando se unen, aumentan cinco veces la eficacia del otro.

Este aumento de poder se llama *sinergia*, y se produce cuando dos o más agentes actúan juntos, produciendo un resultado que no habría sido obtenible por cualquiera de ellos actuando de forma independiente. En el campo de la química, la sinergia tiene que ver con la interacción de sustancias, como los fármacos, que mejoran o magnifican los efectos de uno o más fármacos. Los investigadores han descubierto que al combinar ciertos fármacos, pueden conseguir efectos que no se habrían producido si los fármacos se tomaran independientemente. En el ámbito de los negocios, la sinergia se produce cuando, por ejemplo, varias compañías se unen y producen resultados con más eficacia de lo que lo harían si hubieran seguido como entidades separadas.

Reconocemos la sinergia en acción en la química y las empresas, pero a menudo no vemos su aplicación en la oración. El hombre del banquete de bodas no supo ver que había un poder mayor disponible para nosotros si nos hubiéramos unido en oración.

Oración como una sinfonía

En Mateo 18:19, la palabra griega para *"se ponen de acuerdo"* es *sinfoneo*, de donde obtenemos la palabra *sinfonía*. En una sinfonía, docenas de músicos tocan una gran variedad de instrumentos musicales. Cuando están calentando, todos tocan independientemente de los demás, afinando cada uno su propio instrumento. El sonido es cacofónico porque las notas no están sincronizadas. Pero después, cuando el director levanta la batuta, todos los ojos se enfocan en él y dirige todo el ensemble en una pieza musical que tocan todos, en sincronía. Y el efecto es sobrecogedor.

Cuando oramos como "llaneros solitarios", tocando nuestra propia afinación y pidiendo para nuestras propias necesidades, me temo que a menudo podemos sonar algo estridentes para Dios. Pero cuando sincronizamos nuestras canciones y oramos juntos con una voz, suena para Dios como una hermosa sinfonía, una que produce una respuesta del cielo. Esta sinfonía se logra mediante nuestras oraciones conjuntas, no mediante oraciones en soledad.

Una bomba atómica es poderosa por la reacción en cadena catalizada por la fisión nuclear de los átomos. Por sí solos, los átomos no son potentes, pero cuando se fusionan, producen una reacción que da como resultado la liberación de cantidades tremendas de energía. Del mismo modo, nuestro poder en la oración aumenta exponencialmente cuando nos unimos a otros creyentes y nos ponemos de acuerdo en oración.

La iglesia primitiva recibió este principio, ya que *"todos, en un mismo espíritu, se dedicaban a la oración, junto con las mujeres y con los hermanos de Jesús y su madre María"* (Hechos 1:14). No debería sorprendernos que Dios llenara a los creyentes con su Espíritu Santo, considerando la atmósfera de unidad que promovían. Oraban a una, y como resultado, recibieron poder de lo alto. También es importante destacar que Dios les llenó con el Espíritu *"cuando llegó el día de Pentecostés, [y] estaban todos juntos en el mismo lugar"* (Hechos 2:1). Dios no les llenó por separado, de manera individual o en sitios distintos. Los llenó a todos juntos estando en un mismo lugar. Anterior a esto, Jesús les había dicho: *"Pero cuando venga el Espíritu Santo sobre ustedes, recibirán poder"* (Hechos 1:8). La palabra griega usada para *"poder"* es *dunamis*, que significa "dinamita", o poder explosivo. Cuando los creyentes se unen en oración, Dios entra en escena y obra con su poder milagroso.

Los mayores milagros que he visto han ocurrido mientras estaba orando con otros. Aunque he visto a Dios actuar cuando he orado a solas, siempre hay más poder cuando otros se unen conmigo en oración. Me encanta la oración unida, y a Dios también.

La oración conjunta aumenta la sabiduría

¡Cuán bueno y cuán agradable es que los hermanos convivan en armonía! Es como el buen aceite que, desde la

*cabeza, va descendiendo por la barba, por la barba de
Aarón, hasta el borde de sus vestiduras.*

(Salmos 133:1–2)

La unción del Espíritu Santo, ilustrada con el aceite, comenzó en la cabeza de Aarón y descendió por su cuello. Aarón era el líder espiritual, el sumo sacerdote, de Israel. Como tal, tenía poder, y ese poder aumenta cuando *"los hermanos convivan en armonía".* Aarón representaba al pueblo de Dios, y su unción comenzó por la cabeza, como debe ser. Pero no fue hasta que los hermanos convivieron juntos en armonía que llegó la unción descendiendo hasta el borde de sus vestiduras. Toda la cabeza de Aarón fue ungida, y la cabeza es el lugar de la inteligencia. Es el asiento de la sabiduría. Este pasaje nos muestra que Dios nos da sabiduría cuando oramos con otros creyentes.

A veces, puede que oremos por algo que Dios, en su sabiduría, decide no darnos, pero cuando oramos con otros, Dios a veces abre los ojos de otra persona para recibir la percepción de su voluntad con respecto a esa situación en particular.

Una vez, reuní a nuestra congregación para orar por una propiedad que queríamos. Incluso hicimos una "marcha Jericó" alrededor de la propiedad, reclamando ese terreno para Dios. Después de orar, oí que Dios nos decía: "Esta no es la propiedad. Tengo algo mejor para ustedes". No creo que habría oído a Dios hablarme así si hubiera orado yo solo. Por tanto, en obediencia a la voz de Dios, rechacé la oferta del propietario del terreno. No pasó mucho tiempo hasta que Dios nos dio nueve acres de terreno en otro lugar. El valor de esa propiedad, donde está ahora nuestra iglesia, se ha revalorizado veintidós veces en diez años, mientras que la otra propiedad apenas si se ha revalorizado. Dios es bueno. Orando juntamente con mi congregación, recibí una unción de sabiduría para tomar la decisión correcta. Como ocurrió con Aarón, la unción descendió por mi cabeza, y recibí la mente de Cristo.

Antes de tomar ninguna decisión importante, es mejor orar con otros. No presuma de tener toda la sabiduría que necesita. Aprenda a depender de otras personas en oración. Cuando nos unimos, Dios nos habla. Él está en medio de nosotros, en presencia y poder.

La oración conjunta nos empuja a perseverar

La Biblia narra algunas oraciones individuales, pero la vasta mayoría de oraciones que se incluyen en las Escrituras fueron oraciones conjuntas. Esto debiera decirnos mucho acerca de cómo Dios actúa entre nosotros.

En una ocasión, cuando los israelitas iban a la batalla, Moisés alzó sus manos en oración, sosteniendo la vara de Dios en sus manos (véase Éxodo 17:9). Leemos que *"mientras Moisés mantenía los brazos en alto, la batalla se inclinaba en favor de los israelitas; pero cuando los bajaba, se inclinaba en favor de los amalecitas"* (Éxodo 17:11). Cuando a Moisés se le cansaban los brazos, comenzaban a perder, y los israelitas sufrían por ello. Por tanto, tuvieron que encontrar una solución: *"Luego Aarón y Jur le sostuvieron los brazos, uno el izquierdo y otro el derecho, y así Moisés pudo mantenerlos firmes hasta la puesta del sol"* (Éxodo 17:12). El resultado fue la victoria para los israelitas: *"Fue así como Josué derrotó al ejército amalecita a filo de espada"* (Éxodo 17:13), todo porque las manos de Moisés estuvieron en alto hacia el Señor (véase Éxodo 17:16).

Al igual que Moisés, nosotros también tendemos a agotarnos cuando estamos solos en oración. A menudo necesitamos que otros estén con nosotros e incluso "sostengan nuestros brazos", para que regrese nuestra fuerza y se restaure nuestra confianza. Esto es lo que nos puede aportar el hecho de orar juntos. "*Quiero, pues, que en todas partes los hombres levanten las manos al cielo*" (1 Timoteo 2:8).

La oración conjunta activa el poder del acuerdo

Cuando George Truett, el afamado pastor de la iglesia First Baptist en Dallas, Texas, estaba recién salido del seminario, una de sus primeras tareas fue predicar en una reunión de avivamiento. Después del servicio, un hombre muy alto se acercó a él, con la Biblia en la mano, y le dijo: "Hermano Truett, ¿cree en este libro?".

"Por supuesto", respondió Truett.

El hombre dijo: "¿Cree usted en cada palabra de este libro?".

Truett dijo: "Soy bautista, y los bautistas creemos en la Biblia".

"¿Cree usted en Mateo dieciocho, versículos diecinueve y veinte?".

"Bueno", respondió Truett, "no recuerdo lo que dicen esos versículos, pero si están en la Biblia, lo creo".

El hombre abrió la Biblia en Mateo 18:19–20, lo cual ya hemos tratado en este libro:

Si dos de ustedes en la tierra se ponen de acuerdo sobre cualquier cosa que pidan, les será concedida por mi Padre que está en el cielo. Porque donde dos o tres se reúnen en mi nombre, allí estoy yo en medio de ellos.

Truett leyó los versículos y luego dijo: "Bueno, hermano, por supuesto que lo creo".

El hombre cerró su Biblia y dijo: "Soy ranchero, y le he estado hablando a mi capataz de Cristo. Quiero que venga a la reunión de avivamiento para que él y su familia sean salvos. ¿Podemos orar juntos para que él y su familia vengan mañana en la noche para que sean salvos por medio de su predicación?".

"Bueno, por supuesto, hermano mío", dijo Truett, a pesar de su vacilación. Como ve, George Truett había aprendido mucho en el seminario, pero nunca había aprendido a permanecer aferrado a la Palabra de Dios. Ese ranchero había abierto sus ojos para ver que la Biblia no es para estudiarla, sino para creerla. Oraron juntos.

Esa noche, Truett no pudo dormir. Seguía teniendo pensamientos de duda. *¿Y qué ocurre si el capataz no viene mañana a la reunión? ¿Qué tal si aparece pero no responde al llamado a pasar al frente?* Entonces, Truett reconoció la fuente de esos pensamientos: *Vienen de Satanás.* En voz alta, dijo: "Satanás, ¡tú no vas a impedir que el capataz y su familia vengan al avivamiento, y no impedirás que cualquiera de ellos se salve!".

Esas palabras calmaron sus temores, y pudo dormir, solo para despertarse de nuevo con las mismas dudas en su cabeza. Como había hecho antes, reprendió al diablo y luego se volvió a dormir.

En la reunión de avivamiento la noche siguiente, Truett echó un vistazo a la multitud. No había atisbos del ranchero y su capataz. De nuevo, los pensamientos negativos del diablo asaltaron su mente, diciendo: *¿Lo ves? No han venido a la reunión. Tu oración no será contestada.*

En voz bajita, Truett respondió: "Te lo dije, Satanás, el capataz y su familia vendrán esta noche y serán salvos". Luchó con los pensamientos negativos durante un tiempo, hasta que le invitaron a subir a la plataforma y le presentaron como el orador. Poco después de comenzar a predicar, vio al ranchero que entraba en la iglesia, seguido de otro hombre y

una familia. Truett sonrió y comenzó a predicar con pasión.
Cuando hizo el llamado al altar, el capataz y su familia pasaron al frente y fueron salvos.

Por medio de esta experiencia, Truett descubrió el poder
de la oración de acuerdo. Jesús dijo: *"Si dos de ustedes en la tierra se ponen de acuerdo sobre **cualquier cosa** que pidan, les será
concedida por mi Padre que está en el cielo"*. ¡Puede pedir sin
límite! Nunca menosprecie el poder de la oración de acuerdo. Dios puede hacer cualquier cosa cuando usted se pone de
acuerdo con otros en oración.

Capítulo 5

La oración de liberación

Pongan todas sus preocupaciones y ansiedades en las manos de
Dios, porque él cuida de ustedes.
—1 Pedro 5:7 (NTV)

El versículo anterior describe la oración de liberación. A menudo nos cuesta soltar nuestras preocupaciones y dejarlas en las manos de Dios. Nos engañamos a nosotros mismos cuando pensamos que si nos aferramos a nuestros problemas y seguimos preocupándonos por ellos, estamos haciendo algo al respecto. Pero preocupándonos no conseguimos nada, tan solo desgastarnos.

Soltar es algo activo, no pasivo

Durante una reunión, una mujer que llevaba muchas cargas pasó al frente, se arrodilló en el altar y comenzó a orar en voz alta: "Oh, amado Jesús, por favor llévate mis preocupaciones, o al menos la mitad de ellas. ¡Creo que yo podría con la otra mitad!".

El ministro puso sus manos calmadamente sobre ella y dijo: "Hermana, esa oración no es bíblica".

Ella miró atónita y dijo: "¿Qué hay de malo en pedirle a Dios que se lleve mis preocupaciones?".

"Está mal porque Dios nos dice en su Palabra que tenemos que *poner* sobre él nuestras preocupaciones. Usted le está pidiendo que quite algo que Él le dijo que le entregara".

"Está bien", refunfuñó ella, "¿qué se supone que debo hacer?".

"Ponga sus preocupaciones en las manos de Él porque Él cuida de usted".

Ella le miró de mala gana, y luego se levantó y se fue, murmurando: "Yo no puedo hacer eso. Imagino que tengo que seguir llevando mis cargas".

Mediante la oración, pedimos algo que solo Dios puede hacer, pero no nos exime de toda responsabilidad. Tenemos la tarea de entregarle nuestras ansiedades a Dios y dejar de preocuparnos. Dios no puede llevarse nuestras preocupaciones. Nosotros tenemos primero que entregárselas. Puede pedirle a Dios que se lleve sus enfermedades, pero no sus preocupaciones.

Cuando Jesús dijo: "**No se preocupen** *por su vida, qué comerán o beberán; ni por su cuerpo, cómo se vestirán*" (Mateo 6:25), nos dio un mandamiento a cumplir. Nunca dijo que Dios no nos dejará preocuparnos, sino que somos nosotros quienes tenemos que decidir no preocuparnos. Es posible. Podemos dejar de preocuparnos, y podemos hacerlo poniendo nuestras ansiedades sobre Dios.

La razón por la que puede dejar de preocuparse es que la preocupación es tan solo otra forma de duda. La duda es pecado, y no puede pedirle a Dios que le haga dejar de pecar. *Usted* tiene que detenerlo. Deje de pecar; deje de dudar; deje de preocuparse.

Esto no quiere decir que Dios no le ayudará a dejar de preocuparse, pero no espere que Dios haga todo el trabajo.

Dios sabe que tiene necesidades, y asume la responsabilidad de suplir esas necesidades porque le ama. Ese es el trabajo de Dios, y el de usted es dejar de preocuparse y confiar en Él.

Vencer las preocupaciones y la mundanalidad

Jesús dijo:

> *Así que no se preocupen diciendo: "¿Qué comeremos?" o "¿Qué beberemos?" o "¿Con qué nos vestiremos?" Porque los paganos andan tras todas estas cosas, y el Padre celestial sabe que ustedes las necesitan. Más bien, busquen primeramente el reino de Dios y su justicia, y todas estas cosas les serán añadidas.* (Mateo 6:31–33)

La preocupación y la mundanalidad a menudo van juntas. Nos preocupamos por cosas que no son importantes. Muchos adolescentes se preocupan en exceso por la ropa que llevan, temiendo que su armario no esté lleno de la última moda, y se olvidan de que el carácter es más importante que el estilo. Ya sea la moda o cualquier otra preocupación igualmente mundana, a menudo nos preocupamos demasiado por cosas sin sentido.

Con frecuencia, las preocupaciones mundanas llevan a la gente a cometer acciones pecaminosas; por ejemplo, alguien que se preocupa por la carencia económica podría decidir malversar fondos de su patrón. Estoy convencido de que si más creyentes aprendieran a hacer la oración de liberación, muchos de los problemas que asolan nuestra sociedad se desvanecerían. Como se ve, la mayoría de la gente está tan absorbida por sus preocupaciones que comprometerá su moralidad y sus valores en un esfuerzo por repeler sus preocupaciones.

La preocupación mundana del dinero

Una joven creyente llamada Claudia estaba teniendo problemas para llegar a fin de mes. Recibió un correo de un primo lejano, pidiéndole que le enviara dos mil dólares a la ciudad de México. Le dijo que usaría el dinero para conseguir cinco veces esa cantidad, y entonces le devolvería los dos mil dólares, junto con otros dos mil más por la molestia. Su oferta sonaba demasiado bien para ser cierta, y sin embargo atrajo el interés de Claudia. Ignorando sus dudas, le envió el dinero a su primo en la ciudad de México. Por supuesto, nunca volvió a oír de él, y finalmente supo que no tenía ningún primo lejano en México. Se dio cuenta de que sus preocupaciones, y quizá un poco de egoísmo, le habían echo perder una cantidad de dinero que no podía darse el lujo de perder.

Desgraciadamente, el pastorado no está exento cuando se trata de ir en pos de cosas materiales y dejar de confiar en Dios en su lugar. Un pastor amigo mío necesitaba dinero para su iglesia. Se metió en un sistema piramidal, pensando que había descubierto una gran forma de conseguir dinero. Finalmente, el sistema de derrumbó. El pastor fue arrestado y tuvo que gastar mucho dinero en su defensa legal, más dinero del que había ganado en ese sistema, por cierto.

Algunos ministros que están desesperados por aparecer en televisión comprometerán su ética en su búsqueda de dinero para financiar las retrasmisiones. Por ejemplo, puede que recojan una ofrenda ostentosa en beneficio de los niños necesitados, con la única intención de usar el dinero que obtengan para pagar más tiempo en televisión. Otros dedican cantidades exorbitantes de tiempo en televisión para recaudar dinero en vez de enseñar, predicar y alabar. Entiendo la necesidad de un teletón ocasional, pero dedicar más de la mitad de cada programa a esfuerzos para recaudar dinero muestra una falta de confianza en la provisión de Dios.

Un ministro de la televisión muy famoso se vio en medio de una crisis mediática. Fue acusado por los medios de comunicación de no dedicar tiempo a orar por la gente que había contribuido económicamente junto con peticiones de oraciones personales. Una investigación reveló que las peticiones de oración se habían enviado al banco, junto con las contribuciones económicas; el dinero había sido depositado, pero las peticiones de oración se habían dejado a un lado.

Después que saliera a relucir la verdad en la televisión nacional, este ministro sufrió un serio revés económico. En su desesperación, el ministro comenzó a enfocar todo su programa en conseguir que los televidentes enviaran dinero. La unción de su ministerio se desvaneció, y finalmente perdió casi todo, y todo debido a dos cosas: la preocupación y la mundanalidad.

La mundana preocupación de la ocupación

Mientras iba de camino con sus discípulos, Jesús entró en una aldea, y una mujer llamada Marta lo recibió en su casa. Tenía ella una hermana llamada María que, sentada a los pies del Señor, escuchaba lo que él decía. Marta, por su parte, se sentía abrumada porque tenía mucho que hacer. Así que se acercó a él y le dijo: —Señor, ¿no te importa que mi hermana me haya dejado sirviendo sola? ¡Dile que me ayude! (Lucas 10:38–40)

¿Se identifica con Marta? ¿Se ve abrumado por las obligaciones: llevar a los niños al entrenamiento de fútbol, preparar la cena, limpiar la casa, asistir a los cumpleaños, colaborar como voluntario, y otras muchas cosas? Es fácil dejarse atrapar por todo lo que hay en su lista de cosas por hacer, como le pasó a Marta. Para empeorar aún más las cosas, su hermana simplemente se sentó allí, tranquila y con calma. ¿Por qué no podía al menos preocuparse junto con Marta?

Eso es exactamente lo que Marta quería saber, y esta fue la respuesta de Jesús: *"Marta, Marta...estás inquieta y preocupada por muchas cosas, pero sólo una es necesaria. María ha escogido la mejor, y nadie se la quitará"* (Lucas 10:41–42). ¿Le enoja la respuesta de Jesús? ¿Acaso no veía Jesús que si Marta no cocinaba, no tendría nada para comer? *Él no apreció todo el trabajo que Marta estaba haciendo por Él,* quizá piense en su interior. *Pobre Marta.*

Es el momento de dejar de identificarse con Marta y ponerse en el lugar de María. María reconoció que la Palabra de Dios es lo más importante de todo, ciertamente más importante que cualquier tarea doméstica. Sí, es necesario trabajar, pero también necesita dedicarse a la Palabra de Dios, ponerla como lo primero en su vida. Esto es en parte lo que Jesús quiso decir cuando afirmó: *"Más bien, busquen primeramente el reino de Dios y su justicia, y todas estas cosas les serán añadidas"* (Mateo 6:33). Hacer que Dios y su reino sean su mayor prioridad no le hará tener menos cosas; por el contrario, tendrá más, más de lo que produce una satisfacción duradera. Y más importante aún, cuando pone a Dios primero y le da prioridad a su Palabra, las posesiones que tiene no le *poseerán* a usted. Quienes valoran más las posesiones materiales que la Palabra de Dios realmente no tienen esas cosas, sino que esas cosas les *tienen* a ellos. Dios quiere que usted *posea* cosas, y no que las cosas le posean a *usted.*

La preocupación es una prueba de que sus posesiones le poseen a usted. Le roban el sueño por la noche, le impiden servir a Dios, y al final termina perdiendo su tiempo sirviendo a dichas cosas en cambio. La preocupación le mantiene atado a esas cosas.

Rompa el hábito de preocuparse

Jesús le dijo a Marta: *"Estás inquieta y preocupada por muchas cosas"*. Preocuparse se puede convertir en un hábito, una mentalidad que se activa automáticamente como respuesta a los problemas y dificultades. Preocuparse puede ser un hábito más difícil de dejar que los cigarrillos. Sin embargo, usted no necesita un "parche de la preocupación" para dejarlo, sino tan solo darse cuenta de lo mucho que Dios le ama y aprender a confiar en Él por encima de todo.

*"Pongan todas sus **preocupaciones**...porque él **cuida** de ustedes"* (1 Pedro 5:7, ntv). Hay dos palabras distintas en griego que se usan para *"preocupaciones"* y *"cuidar"* en este versículo. La primera se refiere a sus necesidades y preocupaciones temporales, las cuales debe poner sobre Jesús. La segunda, usada en *"cuida de ustedes"*, tiene la idea de permanencia. Dios siempre está cuidando de usted, incluso cuando usted no se da cuenta. Muchas personas ven a Dios como el "ojo que todo lo ve", que no cuida con afecto de sus hijos. Pero la verdad es que Dios está loco por usted. Él está enamorado de usted.

Piense en la primera vez que se enamoró. No podía dejar de pensar en su amado o amada. Estaba siempre en su mente, y eso es exactamente lo que siente Dios por usted. La única diferencia es que su amor nunca se desvanece, la "luna de miel" nunca se acaba. Cuando usted experimente una revelación de lo mucho que Dios le ama, preocuparse se convertirá en un hábito fácil de romper.

Dígalo en voz alta: "Dios me ama. Está locamente enamorado de mí. Estoy siempre en su mente. Él no puede dejar de pensar en mí. Siempre está pendiente de mí".

¿Ve lo necio que es preocuparse? No tiene sentido, especialmente cuando tenemos un Padre celestial tan amoroso cuidando de nosotros.

Ponga sus preocupaciones

"Pongan todas sus preocupaciones…" (1 Pedro 5:7, NTV). Cuando se va a pescar, *se pone* la caña de pescar para pescar un pez. Llévese a un niño a pescar, y probablemente se impacientará, y querrá recoger el hilo antes de haber atrapado nada. Pero un pescador experimentado conoce la importancia de ser paciente. Sabe que si espera un poco, finalmente el pez morderá el anzuelo.

Esperar pacientemente para pescar un pez es como poner sus preocupaciones sobre Dios. Mediante este proceso, le entrega a Dios sus ansiedades, y a cambio, Él le da su paz y, finalmente, respuestas. Pero debe ser usted paciente.

Quizá intentó poner sus preocupaciones en Dios, pero las volvió a recoger. En la versión de la Biblia en inglés *Amplified Bible*, el versículo dice que ponga sus preocupaciones "una vez y para siempre". Tiene que poner sus preocupaciones una sola vez. Si sigue poniendo sus preocupaciones una y otra vez, es síntoma de que no está confiando del todo en Dios. Permita que Dios tome su vida. Deje que Él supla lo que necesita.

Creo que cuanto más nos preocupamos, más tarda Dios en responder a nuestras oraciones. Somos como niños impacientes que recogen constantemente el hilo que echaron antes de que haya picado ningún pez. Esos niños no pescarán nada. Cuando ven al pescador paciente que trae un gran pez, se enojan y culpan a su cebo o a su caña de pescar. Sin embargo, el problema no está en el cebo o en su caña, sino en su impaciencia. De igual forma, su problema puede que no sea su oración, sino su impaciencia.

Deje de comportarse como un niño. No ponga sus preocupaciones sobre Dios solo durante unos días, para volver a recogerlas de nuevo. Usar la oración de liberación envía sus preocupaciones a Dios permanentemente, permitiéndole así cuidar de sus necesidades.

Recuerde que Dios no le defraudará

Sonia y yo éramos jóvenes cuando nos casamos. Yo trabajaba a tiempo parcial en un restaurante de comida rápida, y aunque no ganaba mucho dinero, comíamos muchas hamburguesas. Entonces, un día recibí una llamada de un compañero de trabajo, el cual me dijo que el restaurante había cerrado sus puertas debido a que no había clientes suficientes.

Yo le dije: "¿Cerraron el restaurante? ¿Hoy? Entonces, ¿ya no tengo trabajo?". Después, comencé a reírme. Mi risa era casi incontrolable cuando colgué el teléfono.

Mi reciente esposa no se reía conmigo. "¿Qué ocurrió, Tom?".

"Han cerrado el restaurante. Me he quedado sin trabajo. ¿No te da risa?".

A ella no le hizo gracia.

Le dije: "No te preocupes. Si Dios cerró esa puerta, es señal de que tiene otra puerta mejor para nosotros".

Realmente lo creía. Así que oramos y pusimos nuestras finanzas en sus manos.

Esa misma semana, me contrataron para trabajar a tiempo completo en otra empresa que pagaba mejor. Dios había vuelto a salir a mi encuentro. No puedo decir que siempre he actuado con tanta fe como lo hice en esa ocasión. Sin embargo, lamento cada hora que perdí preocupándome, porque Dios nunca me ha defraudado.

Amigo, Dios nunca le defraudará tampoco a usted. Cuando el diablo intente hacer que se preocupe, tan solo ríase, recordándole que Dios tiene un gran plan para usted.

Cuando ore, no se preocupe.

Capítulo 6

La oración de alabanza

Por causa de tus adversarios has hecho que brote la alabanza de labios de los pequeñitos y de los niños de pecho, para silenciar al enemigo y al rebelde.
—Salmos 8:2

La mayoría de las personas no creen que la alabanza sea una forma de oración, pero lo es. La oración es simplemente hablar con Dios, y no hay una forma de oración más alta que alabarle. En la alabanza, usted no menciona sus necesidades, sino que simplemente le dice a Dios lo grande que Él es. A Él le gusta oírlo, no porque necesite alimentar su ego sino porque sus hijos necesitan recordar lo grande que Él es. La alabanza nos ayuda a darnos cuenta de su grandeza. También nos pone en una posición de favor, para que Dios supla nuestras necesidades de una forma más espectacular de lo que lo haría si tan solo se lo pidiéramos sin alabarle. La alabanza es la mayor expresión de fe.

El poder de la alabanza

Corría el año 897 a.C., y la situación era insostenible. Aunque le ejército de Judá era cada vez mayor, aún era enano en comparación con las tres naciones que se habían unido con el expreso propósito de aniquilarles. ¿Qué podía hacer Judá ante estas terribles circunstancias? El rey Josafat encontró la solución.

Después de consultar con el pueblo, Josafat designó a los que irían al frente del ejército para cantar al Señor *y alabar el esplendor de su santidad con el cántico: "Den gracias al* Señor*; su gran amor perdura para siempre".*
(2 Crónicas 20:21)

¿Acaso no es una táctica un tanto extraña? En vez de asustarse o rendirse, el rey, tras oír a Dios (véase 2 Crónicas 20:1–3), decidió colocar a todas las personas expertas en la alabanza en las primeras líneas, ¡con la tarea expresa de alabar a Dios!

¿Qué tiene que ver alabar a Dios con la guerra?, se pregunta usted. Veamos otro pasaje que vierte luz sobre su relación. *"Por causa de tus adversarios has hecho que brote la alabanza de labios de los pequeñitos y de los niños de pecho, para silenciar al enemigo y al rebelde"* (Salmos 8:2). Observe que la alabanza cierra la boca del enemigo. En el caso del rey Josafat y Judá, la alabanza cortó las líneas de comunicación enemigas y creó en ellos una gran confusión.

Tan pronto como empezaron a entonar este cántico de alabanza, el Señor *puso emboscadas contra los amonitas, los moabitas y los del monte de Seír que habían venido contra Judá, y los derrotó. De hecho, los amonitas y los moabitas atacaron a los habitantes de los montes de Seír y los mataron hasta aniquilarlos. Luego de exterminar a los habitantes de Seír, ellos mismos se atacaron y se mataron unos a otros.*
(2 Crónicas 20:22–23)

Los enemigos quedaron confundidos. No podían distinguir entre el ejército de Judá y su propio ejército, y finalmente se mataron entre ellos.

Para Judá, una situación aparentemente insostenible demostró ser una bendición disfrazada.

> *Cuando los hombres de Judá llegaron a la torre del desierto para ver el gran ejército enemigo, no vieron sino los cadáveres que yacían en tierra. ¡Ninguno había escapado con vida! Entonces Josafat y su gente fueron para apoderarse del botín, y entre los cadáveres encontraron muchas riquezas, vestidos y joyas preciosas. Cada uno se apoderó de todo lo que quiso, hasta más no poder. Era tanto el botín, que tardaron tres días en recogerlo. El cuarto día se congregaron en el valle de Beracá, y alabaron al Señor; por eso llamaron a ese lugar el valle de Beracá, nombre con el que hasta hoy se le conoce. Más tarde, todos los de Judá y Jerusalén, con Josafat a la cabeza, regresaron a Jerusalén llenos de gozo porque el Señor los había librado de sus enemigos.*
>
> (2 Crónicas 20:24–27)

Si los hombres de Judá no hubieran peleado contra sus enemigos, en el poder del Señor, no habrían recibido tanta riqueza. Esta batalla fue la manera de Dios de bendecir a Judá. Para enfatizar la razón de su victoria, nombraron al lugar de la batalla *"Beracá"*, que es la palabra hebrea para "alabanza".

La alabanza estropea los planes del enemigo

Se produjo una situación similar en 1799 en la mañana de Semana Santa en Feldkirch, Austria. Los aldeanos escucharon que Napoleón Bonaparte lideraba el ejército francés en una campaña para conquistar su ciudad. Pero el obispo local se negó a cualquier plan de evacuación, y le dijo al pueblo: "Es Semana Santa. Debemos celebrar la victoria de nuestro Señor en este día con alabanza. Quiero que todas las iglesias hagan sonar sus campanas, y que los ciudadanos griten de alegría durante todo el día, recordando así a todos la resurrección".

Así lo hicieron, y los generales de Napoleón se confundieron. Decidieron no atacar la ciudad, porque pensaron que el ejército austriaco había llegado para defenderla. Las campanas nunca dejaron de sonar hasta que el ejército francés se marchó. La alabanza le dio a la victoria a la aldea austriaca.

La alabanza logra avances

El apóstol Pablo también conocía el poder de la alabanza. Aunque él y Silas estaban en prisión, comenzaron a alabar a Dios a medianoche. Confinados a estar en prisión haría que muchos cristianos adoptaran una mentalidad de derrota, pero en vez de quejarse, estos hombres alabaron a Dios. Por supuesto, estaban heridos y magullados, pues acababan de golpearles. Sus pies y sus manos estaban encadenados. No obstante, sabían sin lugar a duda que Dios *"fortalece al cansado y acrecienta las fuerzas del débil"* (Isaías 40:29). ¿Quién recibe poder de Dios? Los débiles y cansados, los que están listos para abandonar, los desanimados, esas personas son buenos candidatos para el poder de Dios.

¿Y por qué les da Dios su poder?

Pero los que confían en el SEÑOR renovarán sus fuerzas; volarán como las águilas: correrán y no se fatigarán, caminarán y no se cansarán.　　(Isaías 40:31)

Alabar a Dios es esperar en el Señor, ¿y qué ocurre cuando alabamos a Dios? *"¡Callen en mi presencia, costas lejanas! ¡Naciones, renueven sus fuerzas!"* (Isaías 41:1). Dios cierra las bocas de nuestros enemigos y nos da tiempo para renovar nuestra fuerza.

¿Qué les ocurrió a Pablo y Silas como resultado de su alabanza a Dios en la prisión?

> *De repente se produjo un terremoto tan fuerte que la*
> *cárcel se estremeció hasta sus cimientos. Al instante se*
> *abrieron todas las puertas y a los presos se les soltaron*
> *las cadenas.* (Hechos 16:26)

Justamente cuando parece que está usted estancado en una terrible situación, de repente Dios interviene. Me encanta cuando algo ocurre *de repente*, un avance que solo Dios podría haber orquestado en medio de una situación que parece permanente, donde parece que nada cambiará, a pesar de sus oraciones y las oraciones de otros por usted.

Cuando se producen esas situaciones "imposibles", ¿qué debería hacer? Alabar a Aquel por medio de quien *"todo es posible"* (Mateo 19:26; Marcos 10:27).

Una expresión de emoción

La palabra hebrea común para "alabanza" es *halal*, de donde obtenemos la palabra *aleluya*, que significa "emocionarse por", "alardear", "entusiasmarse", "celebrar".

Imagínese un partido de fútbol en el que su equipo acaba de marcar el gol de la victoria. ¿Cuál es su respuesta? ¿Reacciona de forma solemne, con un serio "Muy bien. Me alegro de que hayan ganado"? ¡No! Usted grita, salta y aclama: "¡Sí! ¡Hemos ganado!". Usted no cabe en sí de la alegría, y nadie le juzga por su jubilosa celebración. De hecho, todos los demás aficionados de ese equipo en el estadio están eufóricos también. ¡Así es como debería actuar! Nadie se avergüenza. Es apropiado para la ocasión.

No obstante, cuando se trata de la iglesia, muchos creyentes parecen pensar que Dios quiere que nos quedemos serios y estoicos, evitando emocionarnos demasiado. Algunos feligreses no aprueban ningún estallido de alabanza emocional.

Quieren que sus reuniones sean calladas y reservadas, ¡pero eso no es alabanza!

¿Cómo es posible que podamos saltar y gritar cuando nuestro equipo favorito anota un tanto, pero cuando Jesús triunfa sobre el diablo tengamos que guardar las composturas? La gente recibe la salvación en la reunión, la gente es sanada, y muchas otras personas son tocadas y cambiadas. Sin embargo, nadie grita ni salta de gozo. ¿Cómo puede ser? Hemos actuado así porque no tenemos alabanza en nuestro corazón. La alabanza debe salir del corazón. Se debe sentir. La alabanza no se puede contener. Es apropiada para la ocasión.

Manifestaciones de alabanza

La alabanza es algo que usted hace. Siempre conlleva acción; nunca es algo pasivo. Algunas personas están cansadas de las iglesias "llenas del Espíritu", diciendo por ejemplo: "No sé por qué estas personas sienten la necesidad de ir danzando y gritando. No es necesario. Dios conoce mi corazón. Él entiende lo mucho que le aprecio". Los que dicen estas cosas han caído en el error de pensar que la alabanza no es algo activo. Sin embargo, las palabras hebreas para "alabanza" usadas en la Biblia nos enseñan que la alabanza es una actividad física de mucha energía.

Yadah

Yo te daré gracias [yadah] en la gran asamblea; ante una multitud te alabaré. (Salmos 35:18)

Aunque su definición más corta es "agradecer", la palabra *yadah* también significa "arrojar, echar". Creo que en parte esta es la razón por la que la gente levanta sus manos en la alabanza y la adoración, porque están *"arrojando"* sus alabanzas hacia el cielo; están *"echando"* su adoración hacia el cielo. Si alguna vez a asistido a un concierto de rock, probablemente haya visto a miles de fans adorando con sus manos hacia arriba. En un acontecimiento deportivo, los espectadores animan mientras lanzan sus puños al aire. Por estos ejemplos, entendemos que Dios nos diseñó para expresar emoción y adoración levantando nuestras manos.

Levantar las manos es también una señal universal de rendición. Cuando un oficial de policía está llevando a cabo un arresto, es probable que diga: "Levante sus manos". Lo hace para asegurarse de que el ofensor no hará nada destructivo, como disparar un arma para escaparse del arresto.

Del mismo modo, usted levanta sus manos a Dios dando a entender una rendición a su señorío. Está prometiendo no huir de Él. Ha dejado de luchar, y la victoria es del Señor.

Barak

> Bendice [barak], *alma mía, a Jehová, y no olvides ninguno de sus beneficios. El es quien perdona todas tus iniquidades, el que sana todas tus dolencias; el que rescata del hoyo tu vida, el que te corona de favores y misericordias; el que sacia de bien tu boca de modo que te rejuvenezcas como el águila.* (Salmos 103:2–5, rvr)

La palabra *barak* significa "bendecir", "que hace arrodillarse". Implica decir algo bueno de alguien, como el salmo anterior al indicar varias buenas cualidades de Dios al hablar de las bendiciones que derrama sobre sus hijos. Cuando bendecimos al Señor, proclamamos los beneficios que nos ha dado, como la salud, salvación y liberación.

Zamar

Quiero alegrarme y regocijarme en ti, y cantar salmos
[zamar] a tu nombre, oh Altísimo.   (Salmos 9:2)

Zamar significa "cantar alabanzas". Lo admito: no tengo
una buena voz. Sin embargo, no se necesita ser un gran voca-
lista para cantarle al Señor. Él tiene una forma de hacer que
nuestra voz suene como la música más dulce a sus oídos.

Muchas personas que no son excelentes cantantes siguen
disfrutando de cantar, en la ducha por ejemplo, donde la
acústica hace que todos nos oigamos mejor. Creo que Dios
disfruta con nuestro canto, aunque otras personas no lo hagan; y si cantar no es lo suyo, puede "cantar" una canción al
Señor mediante el uso de un instrumento musical.

Dos grandes denominaciones cristianas, la Iglesia
Ortodoxa del Este y la Iglesia de Cristo, prohíben los instrumentos musicales en la adoración. Se basan en la premisa de
que los instrumentos musicales no se mencionan en el Nuevo
Testamento.

Este argumento es erróneo. En primer lugar, cualquier
mandamiento de Dios del Antiguo Testamento que no se
cumpliera o se apartara bajo el nuevo pacto aun así debería
seguir siendo válido para los creyentes. La Palabra de Dios
nos anima, e incluso ordena, a usar instrumentos para alabar
a Dios.

Alábenlo con sonido de trompeta, alábenlo con el arpa
y la lira. Alábenlo con panderos y danzas, alábenlo con
cuerdas y flautas. Alábenlo con címbalos sonoros, alá-
benlo con címbalos resonantes. ¡Que todo lo que respira
alabe al Señor! ¡Aleluya! ¡Alabado sea el Señor!
                              (Salmos 150:3–6)

¿Se necesita más claridad? La verdad es que la prohibición de los instrumentos musicales se debe más a una cuestión de tradición que de Escritura, lo cual está claro y correcto en sus exhortaciones al pueblo de Dios a usar instrumentos musicales en su adoración al Señor.

Quizá alguien diga: "¿Dónde se mencionan en el Nuevo Testamento los instrumentos musicales?". Esta persona está siguiendo la "teoría del silencio", es decir, si algo no se menciona específicamente en las Escrituras, se supone que no deberíamos hacerlo. Sin embargo, no puede argumentar contra el uso de instrumentos basado en el aparente silencio de la Biblia sobre el tema.

Para los que sientan que necesitan un versículo del Nuevo Testamento que apoye el uso de instrumentos musicales, piense en Efesios 5:19 (NTV): "*Cantando salmos e himnos y canciones espirituales entre ustedes, y **haciendo música al Señor en el corazón**".* ¿Cuál es la diferencia entre salmos e himnos? La concordancia exhaustiva *Strong's* define *salmo* como "una pieza musical, una oda sagrada acompañada de voz, arpa u otros instrumentos". La palabra proviene de la palabra griega *psao*, que significa "rozar o tocar; mover o hacer vibrar". Se usaba para describir el trabajo de Jubal, "*antepasado de los que tocan el arpa y la flauta*" (Génesis 4:21). El arpa hacía un sonido de vibración, de ahí el término *psao*, o "salmo". Como el Nuevo Testamento nos anima a usar los salmos, podemos concluir que están incluidos los instrumentos musicales.

Un himno, por el contrario, es una canción sin instrumentos. Pablo y Silas cantaban himnos a Dios mientras estaban en la cárcel (véase Hechos 16:25). No podían cantar salmos porque, obviamente, no tenían instrumentos en la cárcel.

Machowl

Que alaben su nombre con danzas [machowl]; que le canten salmos al son de la lira y el pandero.

(Salmos 149:3)

Danzar, especialmente saltar, es una expresión obvia de júbilo. No se puede estar quieto mientras se celebra algo. Volvamos a pensar en un partido de fútbol. Cuando el equipo local anota un gol, los fans saltan de emoción. Es natural mover los pies cuando se está emocionado.

Eso es lo que hizo David cuando recuperaron el arca del pacto que estaba en manos de los enemigos de Israel. David se llenó de emoción, y danzó ante el Señor con todas sus fuerzas.

Sucedió que, al entrar el arca del Señor a la Ciudad de David, Mical hija de Saúl se asomó a la ventana; y cuando vio que el rey David estaba saltando y bailando delante del Señor, sintió por él un profundo desprecio.

(2 Samuel 6:16)

Observe la reacción de la esposa de David, Mical. Ella vio su expresión de júbilo como algo vulgar y de muy poco gusto. Cuando David llegó a casa, su esposa le reprochó: *"¡Qué distinguido se ha visto hoy el rey de Israel, desnudándose como un cualquiera en presencia de las esclavas de sus oficiales!"* (2 Samuel 6:20). La gente que se mantiene al margen, espiritualmente hablando, no puede apreciar el valor de danzar ante el Señor. No caiga en el desprecio a aquellos que les encanta danzar ante el Señor. De hecho, ¡vaya un paso más allá y únase a ellos!

Si siente demasiada vergüenza al danzar en alabanza a Dios, eso demuestra lo carnal y egocéntrico que se ha vuelto. David, de hecho, le dijo a su esposa: "Cariño, todavía no has visto nada. ¿Crees que me he rebajado? Bueno, pues me voy a alocar tanto para Dios que incluso me humillaré aún más". (Véase 2 Samuel 6:21–22).

Muchas personas mundanas se alocan bailando cuando han consumido demasiado alcohol, por ejemplo. ¿Cuánto más jubilosos deberían estar los creyentes en su forma de alabar al Señor? Deberíamos desmelenarnos y estar felices de servirle con la danza, sin importar lo vergonzosos que nos podamos sentir al principio.

Esto es otra cosa que he observado de la danza. En la iglesia, cuando se danza en alabanza, todos están al mismo nivel: doctores, abogados, empresarios, albañiles y profesionales de cualquier sector. Si no puede usted danzar delante del Señor, necesita una verdadera liberación en su espíritu. Si ve que no puede danzar delante de otras personas en la iglesia, intente danzar a solas, para acostumbrarse. Libérese en el Espíritu en la privacidad de su casa. Después, cuando se sienta un poco más cómodo, hágalo en la iglesia.

Shabach

¡Aclamen [shabach] alegres a Dios, habitantes de toda la tierra! (Salmos 66:1)

Shabach significa "elogiar", "dirigirse a alguien en voz alta", "alabar". Muchos creyentes no se sienten cómodos con la religión "alta". Sin embargo, no sé cómo el cristianismo puede ser algo callado. Es sorprendente cómo los religiosos han convertido el cristianismo en una práctica apagada, cuando nuestra fe debería hacernos gritar de gozo. Cosas como la encarnación, la resurrección y el derramamiento del Espíritu Santo deberían provocar en nuestro espíritu un grito de gozo.

Cuando Jesús sanó a los diez leprosos, ¿a quién elogió? Halagó al que *"regresó alabando a Dios a grandes voces"* (Lucas 17:15). Este hombre estaba tan agradecido por su sanidad que no pudo contenerse. Gritó con voz de victoria. Si usted puede gritar cuando marca un gol su equipo favorito, entonces debería gritar doblemente cuando Cristo le da la victoria.

Towdah

Quien me ofrece su gratitud [towdah], me honra; al que enmiende su conducta le mostraré mi salvación.

(Salmos 50:23)

La palabra hebrea *towdah* significa "confesión, alabanza, acción de gracias". A menudo se hace referencia a la alabanza como un sacrificio (véase, por ejemplo, Hebreos 13:15), y el sacrificio de alabanza es la forma más admirable de alabanza. Un sacrificio es algo que se ofrece en agradecimiento y honor, a cambio de algo mayor.

En béisbol, hay una jugada llamada "sacrificio", y se produce cuando el equipo que va a batear ya tiene un jugador en la base. El bateador batea la bola suavemente, o la golpea de tal forma que le permite tan solo "salir", para que el corredor pueda avanzar a la siguiente base. El bateador está eliminado, pero como resultado, su equipo avanza y se pone en una mejor disposición de conseguir una carrera.

Hay veces en que lo último que le apetece hacer es dar gracias a Dios o alabarle. ¿Cuántas veces se ha encontrado "hundido" de camino a la iglesia? A veces su carne se quiere quedar sentada y en silencio mientras la música suena y otros a su alrededor se levantan para adorar con cantos y danzas. A usted no el apetece alabar a Dios, y lo único que quiere hacer es estar solo.

Es en esos momentos cuando *tiene que* ofrecer sus labios a Dios en sacrificio y alabarle con todo su corazón, su mente, su alma y sus fuerzas. Porque, cuando lo hace, Dios recompensa su sacrificio con bendiciones como salvación, sanidad, liberación y más. Cuando todo lo demás parece fallar, sus oraciones, su confesión de fe o su lectura de la Biblia, intente alabar. A menudo, la alabanza funciona cuando todo lo demás falla. Cuando haya agotado los demás tipos de oración y no haya recibido respuesta, es el momento de utilizar la oración de alabanza.

Sanado mediante el poder de la alabanza

Robert sobrevivió a un terrible accidente de tráfico que hubiera matado a la mayoría de las personas. A pesar de ello, se fracturó la espalda, y tuvieron que intervenirle quirúrgicamente para quitarle dos discos. Robert no podía dar ni tan siquiera un paso sin la ayuda de un andador. En una reunión de domingo, se puso en pie durante una oración de grupo por los enfermos. Después que terminé de orar, muchas personas testificaron haber sido sanadas. Pero no habíamos terminado aún. Sentí que teníamos que alabar a Dios. Así que cantamos unas cuantas estrofas de una canción de adoración. Después de la música, todos se sentaron, salvo Robert. Sus manos estaban alzadas en alabanza, mientras las lágrimas recorrían su rostro. Reconocí la gloria de Dios por todo su ser.

Me acerqué a él. Entre lágrimas, dijo a la congregación: "Sentí que algo hizo clic en mi espalda". Le tomé de la mano y le ayudé a dar unos pasos. En cuestión de segundos, comenzó a caminar con brío, sin mi ayuda. Aún llorando de gozo, siguió alabando a Dios por su bondad. Después del servicio de ese día, Robert metió su andador en el maletero de su automóvil y no lo ha vuelto a usar hasta el día de hoy. La diferencia estuvo en que cuando todos los demás habían terminado de alabar a Dios, Robert continuó, y fue sanado mediante el poder de la alabanza.

Capítulo 7

Oración en el Espíritu

Oren en el Espíritu en todo momento,
con peticiones y ruegos. Manténganse alerta y perseveren en
oración por todos los santos.
—Efesios 6:18

Pablo señaló un tipo de oración como particularmente importante: orar en el Espíritu. Orar en el Espíritu es un tipo único de oración que no se encuentra en el Antiguo Testamento. La razón es que orar en el Espíritu no fue posible hasta el día de Pentecostés, cuando se derramó el Espíritu Santo. Antes de Pentecostés, el Espíritu Santo aún no había llegado en toda su plenitud. Así, orar en el Espíritu es para nuestra era.

La oración en el Espíritu es uno de los tipos más poderosos de oración, porque como dice 1 Corintios 14:14, cuando usted ora en el Espíritu, el Espíritu Santo ora *a través de* usted. Piense en ello: cuando ora en el Espíritu, la tercera persona de la Trinidad se pone al mando y habla por usted. ¿Qué mejor forma de orar podría existir?

Así mismo, en nuestra debilidad el Espíritu acude a ayudarnos. No sabemos qué pedir, pero el Espíritu mismo intercede por nosotros con gemidos que no pueden expresarse con palabras. Y Dios, que examina los corazones, sabe cuál es la intención del Espíritu, porque el Espíritu

> *intercede por los creyentes conforme a la voluntad de Dios.*   (Romanos 8:26–27)

En nuestra debilidad humana, tenemos solo un entendimiento limitado de nuestras necesidades, así como de las necesidades de otros. ¿Cómo podemos saber por qué debemos orar? Confiamos en que el Espíritu Santo nos dará las palabras que tengamos que usar. Dios sabe que nuestras oraciones son imperfectas, a menudo egoístas y que muestran un conocimiento limitado de las situaciones. Hay muchos factores que pueden obstaculizar cómo oramos y qué pedir en oración. Sin embargo, cuando oramos en el Espíritu, estas limitaciones se desvanecen, y oramos la perfecta voluntad de Dios cada vez. *"El Espíritu intercede por los creyentes conforme a la voluntad de Dios"*.

La función de las lenguas

Muchas personas se preguntan si "orar en el Espíritu" es lo mismo que "orar en lenguas". Algunos creen que orar en el Espíritu conlleva más gusto y pasión que orar en lenguas. Aunque estoy seguro de que el Espíritu Santo puede inspirar nuestras oraciones y darnos pasión, creo que orar en lenguas y orar en el Espíritu es una misma cosa. Pablo aludió a esto cuando dijo: *"El Espíritu mismo intercede por nosotros con gemidos que no pueden expresarse con palabras"*. Las palabras humanas *no pueden expresar* lo que el Espíritu está orando. Es aquí cuando las lenguas entran en juego. Las lenguas no son palabras humanas sino un lenguaje divino. Permítame explicarle el don de hablar en lenguas con más profundidad.

Una experiencia que provoca controversia

Hablar en lenguas es uno de los fenómenos que genera más controversia en el cristianismo. El pentecostalismo y el movimiento carismático han convertido esta práctica en una corriente dominante; de hecho, estas ramas del cristianismo se han convertido, sin lugar a duda, en los segmentos de mayor crecimiento de la fe. Estos movimientos están impactando el mundo de formas aún mayores de lo que lo hizo la Reforma protestante. Sin embargo, con todo lo que se ha hablado acerca de hablar en lenguas, pocas personas entienden de qué se trata. Quizá se sorprenda al descubrir que la Biblia menciona hablar en lenguas treinta y cinco veces. Claramente, este no es un tema que debamos tratar a la ligera o que la iglesia deba dejar al margen. Dios no incluyó nada trivial en las páginas de su Libro.

Hay quienes no consideran que la práctica de las lenguas sea algo legítimo, probablemente porque nunca lo han experimentado. Su interpretación de los versículos bíblicos acerca de las lenguas está tintada por un prejuicio que no está dispuesto a aceptar la práctica. El legendario maestro de la Biblia y ministro de sanidad Smith Wigglesworth en un tiempo criticó las lenguas. Discutía con su esposa y con otros ministros pentecostales acerca de las lenguas, insistiendo en que no creía en ello y que, si era real, él no lo necesitaba. Finalmente, desarrolló tanto hambre por Dios que fue lleno del Espíritu y habló en lenguas. Después le decía a la gente: "Antes, tenía un argumento. Ahora tengo una experiencia con Dios". La experiencia es la mejor maestra.

Digo esto porque muchas personas que nunca han hablado en lenguas hablan como si fueran expertos en esta materia cuando, en realidad, sus opiniones están basadas solo en la teoría. ¿Quiénes deberían saber más de las lenguas: los que hablan en lenguas o los que no? Como yo estoy entre los que hablan en lenguas, siento que puedo aportar sabiduría espiritual combinada con la experiencia práctica en este capítulo. Intentaré clarificar algunos malentendidos comunes y mostrar la importancia y los beneficios de orar en lenguas.

Una experiencia que edifica

El apóstol Pablo escribió: *"El que habla en lenguas se edifica a sí mismo…. Yo quisiera que todos ustedes hablaran en lenguas"* (1 Corintios 14:4–5). Con estas frases tan positivas acerca de las lenguas, ¿por qué tan pocos cristianos hablan en lenguas? Creo que la razón es la escasez de una enseñanza bíblica profunda y racional sobre el rango y valor de hablar en lenguas.

Hace unos años, pude hablar a un grupo de mormones en una de sus escuelas y compartí mi testimonio de cómo Dios me había salvado y llenado con el Espíritu Santo con la evidencia de hablar en lenguas. Después de mi charla, se invitó a los estudiantes a hacer preguntas, y el tema más común de sus preguntas fue hablar en lenguas. Un estudiante preguntó: "¿Qué provecho tiene hablar en lenguas?".

Mi respuesta fue esta: "Hace exactamente lo que la Biblia dice que hace: *'El que habla en lenguas se edifica a sí mismo'*". "Edificar" es construir o "recargar", como si fuera una batería. Todo creyente se va vaciando espiritualmente, a veces, y es necesario que el Espíritu Santo le "recargue". Y Dios diseñó la práctica de hablar en lenguas como una forma de renovar nuestro espíritu.

La experiencia de hablar el lenguaje del cielo

Muchas personas describen hablar en lenguas como un "galimatías" o "sin sentido". La verdad es que hablar en lenguas es el lenguaje más inteligente y perfecto del universo. Es el lenguaje de Dios.

La mayoría de los lenguajes se identifican por su lugar de origen, donde se hablaron por primera vez, ya sea un país, región u otra área, y se nombraron en consecuencia. Por ejemplo, el inglés, viene de Inglaterra; el español, viene de España; el italiano, viene de Italia.

¿Cuál es el lenguaje que se supone que se habla en el cielo? Bien, ¿de dónde vienen las lenguas? ¡Del cielo! Todos en el cielo entienden el lenguaje de las lenguas y lo usan para comunicarse. Como escribió el apóstol Pablo: *"Porque el que habla en lenguas no habla a los demás sino a Dios. En realidad, nadie le entiende lo que dice, pues habla misterios por el Espíritu"* (1 Corintios 14:2). Así, podemos definir correctamente las lenguas como el lenguaje celestial.

Jesús dijo que los que creen en él *"hablarán en nuevas lenguas"* (Marcos 16:17). Se estaba refiriendo a un lenguaje que nadie había hablado antes. Contrariamente a la mala teología, hablar en lenguas no es la capacidad que Dios da de predicar el evangelio en varios lenguajes de la tierra, ya que ¿cómo podría ser "nuevo" un lenguaje de la tierra que ya existe? Las lenguas de los hombres son "antiguas". Es, por tanto, apropiado que las *"nuevas lenguas"* las hablen los que tengan el "nuevo nacimiento". Es natural y normal hablar en el lenguaje del lugar donde nació. Nosotros somos nacidos de arriba; por tanto, deberíamos hablar el lenguaje de arriba, el lenguaje llamado *"nuevas lenguas"*.

Una experiencia que depende del Espíritu Santo

Las primeras personas en hablar en lenguas fueron los discípulos de Jesús. Esto ocurrió en el día de Pentecostés. Sin embargo, muchas personas suponen que los discípulos estaban hablando diferentes lenguajes humanos, basados en el hecho de que otras personas de varios trasfondos lingüísticos podían entender lo que estaban diciendo. Creo que esta conclusión no es precisa. El milagro que ocurrió en el día de Pentecostés fue doble: un milagro de *hablar* y *escuchar*.

El primer milagro fue hablar en lenguas; el segundo milagro fue el que algunos entendieran las lenguas. Sabemos que no todos entendieron las lenguas, porque algunos observadores se rieron de los discípulos y les acusaron de estar borrachos (véase Hechos 2:13). Esto nos hace pensar que no podían entender lo que estaban diciendo. Mientras tanto, los que fueron capacitados para entender las lenguas estaban perplejos, porque cada uno oía solo su propio lenguaje natal, y no los lenguajes de otras personas (véase Hechos 2:6). La Biblia nos dice que estaban presentes más de catorce grupos de extranjeros, representando a muchas naciones y lenguajes distintos (véase Hechos 2:9–10). Sin embargo, cada persona oía hablar a los discípulos alabar a Dios en su propio lenguaje, por lo cual exclamaron: *"¿Cómo es que cada uno de nosotros los oye hablar en su lengua materna?"* (Hechos 2:8).

Los discípulos no estaban predicando el evangelio en lenguas; más bien estaban proclamando *"las maravillas de Dios"* (Hechos 2:11). No estaban hablando a los hombres sino a Dios (véase 1 Corintios 14:2). Las otras personas reunidas simplemente estaban oyéndoles alabar a Dios, y algunos pudieron discernir lo que estaban diciendo. No fue hasta que Pedro se puso en pie y se dirigió a la multitud en un lenguaje común que se comenzó a predicar el evangelio. Entonces, vemos que hablar en lenguas no es un don dado con el propósito de capacitar a los creyentes para predicar el evangelio en otras lenguas que no sean su idioma materno.

El día de Pentecostés, los discípulos no estaban hablando en lenguajes humanos, sino en lenguas desconocidas. Pero Dios hizo que los que tenían su corazón abierto pudieran entender lo que los discípulos decían.

Un precursor para orar en el Espíritu: el bautismo en el Espíritu Santo

Veamos con más detalle el primer relato bíblico de hablar en lenguas:

> *Cuando llegó el día de Pentecostés, estaban todos juntos en el mismo lugar. De repente, vino del cielo un ruido como el de una violenta ráfaga de viento y llenó toda la casa donde estaban reunidos. Se les aparecieron entonces unas lenguas como de fuego que se repartieron y se posaron sobre cada uno de ellos. Todos fueron llenos del Espíritu Santo y comenzaron a hablar en diferentes lenguas, según el Espíritu les concedía expresarse.*
>
> (Hechos 2:1–4)

El pasaje anterior relata una experiencia que Jesús llamó el "bautismo del Espíritu Santo". Fue el cumplimiento de la promesa de Jesús de que *"dentro de pocos días ustedes serán bautizados con el Espíritu Santo"* (Hechos 1:5). Todos los cristianos creen en el bautismo en agua, pero pocos llegan a aceptar un mejor bautismo: el bautismo en el Espíritu Santo.

Muchos teólogos confunden el bautismo en el Espíritu Santo con la salvación (una idea que ya discutimos antes), viendo estas dos experiencias distintas como una sola, y por tanto confundiendo a un sinfín de creyentes que no se dan cuenta de que no es eso lo que enseña la Biblia. Jesús definió claramente el bautismo en el Espíritu Santo como una experiencia distinta a la salvación que llega después de que una persona ha sido salva, aunque también podría ocurrir inmediatamente después de la salvación.

La historia del convertido samaritano en Hechos 8:5–25 demuestra esto con gran claridad. Felipe predicó el evangelio a este grupo de samaritanos, que gozosamente aceptaron a Jesús como su Salvador y nacieron de nuevo. Confirmaron su fe bautizándose en agua. No obstante, a pesar de su experiencia de salvación y bautismo en agua, Felipe llamó a los apóstoles para que fueran y orasen a fin de que recibieran también el Espíritu Santo. Queda claro con este relato que ser salvo no es lo mismo que recibir el Espíritu Santo, aunque el Espíritu Santo definitivamente está incluido en la salvación.

Otro relato bíblico que ilustra este hecho se encuentra en Hechos 19:1–7. Pablo se reunió con algunos de los discípulos de Juan el Bautista. No obstante, él pensaba que eran creyentes en el Señor Jesucristo, porque hablaban mucho del arrepentimiento. Sabiendo que carecían del poder espiritual, les preguntó: *"¿Recibieron ustedes el Espíritu Santo cuando creyeron?"* (Hechos 19:2). La pregunta en sí demuestra que Pablo, así como el resto de la iglesia primitiva, creía que era posible creer en Jesús sin haber recibido el Espíritu Santo. Si recibir el Espíritu Santo se producía automáticamente en la conversión, ¿entonces por qué Pablo preguntó a estos creyentes si habían recibido el Espíritu Santo cuando recibieron la salvación?

La evidencia física

Yo fui bautizado en el Espíritu Santo en la iglesia First Assembly of God aquí en El Paso, Texas. El predicador invitó a los que estaban listos para dedicarse al ministerio a pasar hacia delante para orar. El primero en acudir fue un hombre alto y delgado llamado Timmy. Yo pensé: *Si Timmy puede ir, yo también puedo.* Así que seguí a Timmy hasta el altar en el frente. Sin previo aviso, Timmy se cayó al suelo, como si algo le hubiera golpeado. Segundos después, sentí como si me golpeara algo, y también me caí, quedando postrado en el piso.

Comencé a llorar incontrolablemente al sentir la presencia de Dios en mí. Esto duró varios minutos.

Llegó a mí este pensamiento: *Esto debe de ser de lo que mi iglesia ha estado hablando durante todos estos años. Esto debe de ser el bautismo del Espíritu Santo.* Acababa de tener este pensamiento cuando vino a mi mente un versículo: *"Todos fueron llenos del Espíritu Santo y comenzaron a hablar en diferentes lenguas, según el Espíritu les concedía expresarse"* (Hechos 2:4).

Si he sido lleno del Espíritu Santo, entonces ahora hablaré en otras lenguas, pensaba yo. Justamente entonces, comencé a hablar en otras lenguas, ¡y no he dejado de hacerlo todavía! ¡Gloria a Dios!

Como puede ver, la prueba física del bautismo en el Espíritu Santo es la misma que la evidencia que tuvieron los discípulos: hablar en lenguas. Puede que haya otras evidencias también, pero la evidencia que siempre debería aparecer es hablar en lenguas.

Hay cinco ejemplos en la Biblia de personas que reciben el bautismo en el Espíritu Santo (véase Hechos 2:4; 8:17; 9:17–18; 10:44; 19:6). En tres de los cinco ejemplos, se nos dice que se produjeron señales específicas. En los otros dos ejemplos, la manifestación de las señales físicas queda implícita, aunque no se mencione explícitamente. No obstante, según los otros tres ejemplos, podemos construir un caso sólido con respecto a lo que debería ocurrir cuando alguien es bautizado en el Espíritu.

Se nos dice en estos tres ejemplos que ocurrieron manifestaciones físicas. En cada caso, se produjo más de una señal física, lo cual sugiere que normalmente se produce más de una señal cuando la gente es bautizada en el Espíritu Santo. Sin embargo, hay una señal, y solo una, que es común en las tres experiencias: hablar en lenguas. En base a esta observación, podemos llegar a la conclusión de que la señal estándar del bautismo del Espíritu Santo es hablar en lenguas.

Hablar en lenguas es la evidencia física y bíblica de que alguien es bautizado en el Espíritu Santo. No deberíamos esperar nada menos que la evidencia bíblica.

Si usted aún no ha sido bautizado en el Espíritu Santo, busque a Dios en oración y pídalo en fe. Dios nunca deja seca un alma sedienta. Usted necesita este don si quiere tener una vida de oración exitosa. ¿Por qué no hace la siguiente oración y recibe el bautismo en el Espíritu?

> Padre, vengo a ti en el nombre de Jesús. Creo que enviaste al Espíritu Santo a la tierra el día de Pentecostés, y que Él está aquí ahora para hacer que yo pueda vivir una vida sobrenatural. También dijiste en tu Palabra que si te pido el Espíritu Santo, me lo darías. Por tanto, te pido que me des el don del Espíritu Santo. Le recibo ahora en mi vida. Soy lleno del Espíritu Santo. Gracias. Amén.

Ahora, comience a orar en lenguas. El don está ahí. Podría recibir cualquiera de los dones del Espíritu, pero especialmente el don de lenguas.

¿Hablan todos en lenguas?

Alguno podría decir: "Pensando en la pregunta del apóstol Pablo '*Hablan todos en lenguas?*' (1 Corintios 12:30), ¿cómo puede decir que todos los cristianos deberían hablar en lenguas?". En este pasaje, Pablo estaba hablando de los dones ministeriales públicos que se manifiestan en la iglesia. No estaba hablando de las lenguas como señal inicial del bautismo del Espíritu, ni estaba hablando de las lenguas como un lenguaje de oración devocional privado.

Puede reconocer la verdad de esto simplemente observando el lenguaje que Pablo usó con respecto a hablar en lenguas. En este capítulo, llamó a hablar en lenguas *"diversas lenguas"* (1 Corintios 12:10, 28). *"Diversas lenguas"* conlleva algo distinto al "tipo normal", que es un lenguaje que ningún hombre entiende o interpreta. Sin embargo, hablar en *"diversas"* lenguas capacita al oyente u otra persona para reconocer el significado de la lengua, pudiéndola así interpretar.

Entonces, cuando Pablo hizo la pregunta: *"¿Hablan todos en lenguas?"*, se refería a la manifestación pública de las lenguas que capacita a una persona con el don para interpretar para dar voz al significado de la lengua. No todos los creyentes reciben este don de *"diversas lenguas"*.

En 1 Corintios 14, Pablo corrigió el mal uso de las lenguas en la iglesia. Dijo a los creyentes que dejaran de practicar el reunirse *"toda la iglesia…[donde] todos hablan en lenguas"* (1 Corintios 14:23). Observe que *"toda la iglesia"* estaba reunida y que *"todos"* hablaban en lenguas. Esto demuestra claramente que todos los creyentes en la iglesia de los corintios hablaban en lenguas. La mayoría deberían haber permitido que los que tenían *"diversas"* lenguas ejercitaran su don, mientras que el resto simplemente *"que guarden silencio en la iglesia y cada uno hable para sí mismo y para Dios"* (1 Corintios 14:28) en lenguas. Amigo, le animo a que busque la evidencia bíblica del bautismo en el Espíritu Santo y no se conforme con menos. Las lenguas le llevarán a una dimensión más profunda en su vida de oración, capacitándole para orar la perfecta voluntad de Dios cada vez.

Capítulo 8

La oración de intercesión

En primer lugar,
te ruego que ores por todos los seres humanos.
Pídele a Dios que los ayude;
intercede en su favor, y da gracias por ellos.
—1 Timoteo 2:1 (NTV)

La intercesión es la acción de orar por otros. La oración de intercesión por lo general demanda más tiempo que cualquier otra oración, y la razón es simple: usted solo es uno, y hay miles de millones de personas por las que podría orar. Nunca desarrollará una gran vida de oración si sus oraciones se centran solo en usted.

La asistencia a las reuniones de oración de la iglesia suelen ser escasa, lo cual es un indicativo del egocentrismo general de los cristianos. La mayoría de las personas, a menos que tengan una necesidad personal, encontrarán cualquier excusa para no ir a la reunión de oración. Pero las reuniones de oración son el fundamento de la iglesia. Su iglesia nunca madurará en un sentido espiritual más allá de la madurez que tenga la vida de oración de la congregación. Sin la oración como cuerpo, su iglesia puede que crezca en número, pero no en santidad.

La intercesión está centrada en el otro

Un intercesor tiene que ser alguien desinteresado. La mayoría de las personas tienden a ser egoístas, preocupándose solo por su propia vida. Es como el hombre que oraba: "Señor, bendíceme a mí a mi esposa, y a mi hijo y su esposa. Bendícenos a los cuatro y a nadie más". En la intercesión, usted ora por *"todos"*, incluyendo personas que no le caen especialmente bien. Jesús dijo: *"Amen a sus enemigos y oren por quienes los persiguen"* (Mateo 5:44). La intercesión es orar *"por"* la gente, no en contra de ellos. Nunca debe orar para que venga juicio, sino dejar el juicio en manos de Dios (véase, por ejemplo, Hebreos 10:30) mientras usted ora para que Él bendiga a sus enemigos.

Pablo instó a la iglesia de Corinto a que intercediera *"por los gobernantes y por todas las autoridades, para que tengamos paz y tranquilidad, y llevemos una vida piadosa y digna"* (1 Timoteo 2:2). Es obvio que los líderes tienen una necesidad de oración especialmente grande porque sus acciones y decisiones afectan a muchas personas. En los días de Pablo, no todos los gobernantes eran sabios y benevolentes, parecido a los políticos de nuestros días, pero Pablo instaba a los creyentes a que orasen por ellos igualmente. Usted no puede escoger qué líderes "merecen" sus oraciones; debe orar por todos.

Orar por otros, incluyendo los líderes políticos, *"es bueno y agradable a Dios nuestro Salvador, pues él quiere que todos sean salvos y lleguen a conocer la verdad"* (1 Timoteo 2:3–4). Este es el objetivo de la intercesión: la salvación de otros. Este objetivo debería ser más importante para usted que obtener un trabajo nuevo o pasar por éxito por una intervención quirúrgica. Por supuesto, debe orar también por estas cosas, pero la mayoría de su enfoque debería estar en la oración de intercesión por la salvación de otros.

"*Porque hay un solo Dios y un solo mediador entre Dios y los hombres, Jesucristo hombre*" (1 Timoteo 2:5). Aquí Pablo contrastó el papel del creyente como intercesor con el papel de Cristo como mediador. Cristo es el supremo mediador e intercesor. "*Por eso* [Jesucristo] *también puede salvar por completo a los que por medio de él se acercan a Dios, ya que vive siempre para interceder por ellos*" (Hebreos 7:25). Aunque Cristo es el único mediador e intercesor, nos ordena que participemos en su papel intercesor orando por otros. De esta forma, la intercesión es parecida al sacrificio. Es nuestro sacrificio por el mundo. No quiero decir en manera alguna que nuestras oraciones por otros estén al mismo nivel que el sacrificio de Cristo en la cruz, solo que son un *tipo* de sacrificio. Esto es lo importante: así como no hay salvación sin la cruz, tampoco habrá salvación por otros a menos que intercedamos por ellos en oración.

El objetivo supremo de la intercesión

Yo he buscado entre ellos a alguien que se interponga entre mi pueblo y yo, y saque la cara por él para que yo no lo destruya. ¡Y no lo he hallado! Por eso derramaré mi ira sobre ellos; los consumiré con el fuego de mi ira, y haré recaer sobre ellos todo el mal que han hecho. Lo afirma el Señor *omnipotente.* (Ezequiel 22:30–31)

Dios busca a alguien que "*se interponga entre mi pueblo y yo*". "Interponerse" es una buena ilustración del papel de un intercesor. Hay una brecha entre la humanidad y Dios, una separación causada por los pecados humanos, que nadie puede cruzar sin sufrir la ira divina. Isaías anunció el mismo problema que vio Ezequiel: "*Miré, pero no hubo quien me ayudara, me asombró que nadie me diera apoyo. Mi propio brazo me dio la victoria*" (Isaías 63:5). Al final, no había nadie en el mundo que pudiera interponerse por la raza humana. Solo Dios pudo hacerlo. Y lo hizo, claro, en la cruz, la cual cerró la brecha existente e hizo posible que pudiéramos cruzar al terreno de la misericordia y la gracia de Dios. Dios, en la persona de Jesucristo, cerró la grieta de juicio muriendo en la cruz por nuestros pecados. A través de la muerte de Cristo, se cerró la brecha. Se construyó un puente. Lo único que nos queda a los hombres es cruzar.

Y es ahí donde usted entra en escena. Usted ora para que la gente cruce ese puente. Dios usa sus oraciones para hacer llegar a otros el puente. Usted no construye un puente *nuevo* sino que ora para que el *único* puente que lleva a la salvación llegue hasta la gente. Esto quiere decir que solo aquellos que han sido salvos pueden interceder de manera eficaz por otras personas. Aunque los no creyentes pueden orar por otras personas, verdaderamente no pueden interceder.

Demorar la destrucción

Sodoma estaba destinada a ser destruida bajo la mano de Dios. No había nadie que intercediera por la ciudad. Cuando Dios le contó a Abraham sus planes de traer su juicio final sobre Sodoma, Abraham no se emocionó en absoluto, e intentó hablar con Dios para hacerle cambiar de opinión. Abraham conocía la maldad de la ciudad; sin embargo, intercedió por sus ciudadanos, rogando que Dios les mostrara misericordia.

Sobre la base del ejemplo de Abraham, vemos que un verdadero intercesor nunca se deleita en el juicio de Dios sobre otras personas. Como dice Proverbios 24:17: *"No te alegres cuando caiga tu enemigo, ni se regocije tu corazón ante su desgracia"*. Desee ver la misericordia de Dios, nunca su juicio, en las vidas de otros cuando interceda por ellos.

Esta historia también ilustra que Dios tomará la iniciativa animándonos a orar. Fue Dios quien empezó la conversación con Abraham con respecto a sus planes de juzgar a Sodoma:

> *Luego aquellos visitantes se levantaron y partieron de*
> *allí en dirección a Sodoma. Abraham los acompañó*
> *para despedirlos. Pero el* SEÑOR *estaba pensando: "¿Le*
> *ocultaré a Abraham lo que estoy por hacer?".*
> (Génesis 18:16–17)

A menudo, las cosas están escondidas de nosotros, y no somos conscientes del inminente juicio en las vidas de otros. En esos casos, Dios puede que nos revele áreas de posible juicio, para que podamos orar como intercesores, esperando la demora del acto de juicio o incluso su cancelación. Si observa que tiene a alguien en mente, puede que sea Dios que le está animando a orar por esa persona. No ignore los impulsos divinos.

> *Dos de los visitantes partieron de allí y se encamina-*
> *ron a Sodoma, pero Abraham se quedó de pie frente al*
> SEÑOR. *Entonces se acercó al* SEÑOR *y le dijo: —¿De*
> *veras vas a exterminar al justo junto con el malvado?*
> (Génesis 18:22–23)

Aunque es Dios quien siempre inicia la intercesión, nosotros debemos responder entrando en acción, como hizo Abraham: *"se acercó al Señor"*. También debemos ejercer cierta "presión". No se trata de que Dios lo haga todo, Aunque Dios se acerque primero a usted, usted debe estar dispuesto a acercarse a Dios también, y presionar con su oración.

Abraham conocía la diferencia entre el salvo y el impío, y le preguntó a Dios: *"¿De veras vas a exterminar al justo junto con el malvado?".* Esto lo dijo para saber si su sobrino Lot, y otros a quienes él había llevado al Señor, serían suficientes para impedir que el juicio de Dios llegara sobre esa ciudad.

> *Abraham le dijo: —Reconozco que he sido muy atrevido*
> *al dirigirme a mi* SEÑOR, *yo, que apenas soy polvo y ce-*
> *niza.* (Génesis 18:27)

"*Apenas soy polvo y ceniza*". En la oración de fe, usted necesita fe. En la oración de acuerdo, necesita la cooperación de otros. En la oración en el Espíritu, necesita el don de lenguas. Sin embargo, en la oración de intercesión necesita humildad. Es el rasgo de carácter más importante de un intercesor. No hay espacio para el orgullo.

Piense en ello: usted es salvo, y está orando por los que aún no son salvos. Puede que se vea tentado a pensar más alto de usted que de las personas por las que está orando. Aunque quizá sea cierto que es usted salvo, es solo por la gracia de Dios, no por sus obras (véase Efesios 2:8–9). Por tanto, debe mantener un verdadero sentimiento de humildad y compasión por aquellos que aún no son salvos. Un aire de superioridad no hará otra cosa que obstaculizar su eficacia en la intercesión.

Junto con la humildad, Abraham expresó valentía. "*Reconozco que he sido muy atrevido al dirigirme a mi Señor*". La valentía es una confianza total en su derecho a entrar en la presencia de Dios. Como usted es salvo, tiene derecho a orar e interceder por otros. No permita que un sentimiento de fracaso o culpa por los pecados del pasado le robe su confianza para orar por otros.

¿Qué ocurrió con Sodoma y Gomorra? Claro está, sabemos que esas ciudades fueron destruidas; pero el sobrino de Abraham, Lot, se salvó por la intercesión de Abraham. Esto significa que aunque no veamos todo aquello que anhelamos ver, veremos resultados. Quizá usted ore por avivamiento en una ciudad, o porque cierto hombre o mujer justos sean elegidos alcaldes, y vea que se abren un montón de bares por toda la ciudad y que sale elegido otro hombre o mujer distintos. Aun así, Dios pude hacer algo bueno con sus oraciones. No se desanime si no ve todo lo que desea ver que suceda. Siga orando, ¡con humildad y valentía!

Demorar el juicio

Israel había deshonrado a Dios por no confiar en su capacidad de llevarles a la Tierra Prometida. Por eso Dios amenazó con juzgar a Israel y hacerles desaparecer como nación. La razón por la que Dios se cedió fue porque Moisés intercedió por Israel.

> [Moisés dijo,] *"Ahora, Señor, ¡deja sentir tu poder! Tú mismo has dicho que eres lento para la ira y grande en amor, y que aunque perdonas la maldad y la rebeldía, jamás dejas impune al culpable, sino que castigas la maldad de los padres en sus hijos, nietos, bisnietos y tataranietos. Por tu gran amor, te suplico que perdones la maldad de este pueblo, tal como lo has venido perdonando desde que salió de Egipto".* El Señor le respondió: —Me pides que los perdone, y los perdono.
>
> (Números 14:17–20)

Un hombre marcó la diferencia. ¿Cómo se las arregló Moisés para convencer a Dios de que no destruyera a Israel?

Moisés apeló a la inmutabilidad de Dios.

> [Moisés dijo,] *"De manera que, si matas a todo este pueblo, las naciones que han oído hablar de tu fama dirán: 'El Señor no fue capaz de llevar a este pueblo a la tierra que juró darles, ¡y acabó matándolos en el desierto!'".*
>
> (Números 14:15–16)

Moisés confrontó a Dios con su Palabra, recordándole que "juró" darles la tierra y hacer de ellos una gran nación. Dios no puede resistirse a este tipo de oración, con su apelación a su fidelidad para cumplir su Palabra. Es el tipo de oración que le mueve.

Cuando oro por otros, siempre me gusta usar la Palabra de Dios, recordándoles al Señor sus promesas a sus hijos.

Si no sabe lo que Dios ha prometido, es más difícil orar por otros. Comience a estudiar las promesas de Dios en la Escritura para encontrar bendiciones como la sanidad, la provisión económica, el matrimonio, los hijos y la liberación. Investigue la Biblia para saber qué dice con respecto a estas áreas y luego tenga los versículos correspondientes a mano cuando esté orando por otros. Diga algo parecido a esto:

> Padre, tú has dicho en tu Palabra que bendecirás nuestra comida y nuestra bebida y que te llevarás la enfermedad de nosotros. Por eso te pido que te lleves esta enfermedad de tal persona.

Cuando base sus oraciones en las promesas de Dios, tendrá más seguridad al interceder por otros.

Depender del sacrificio de Cristo

Todo Israel se alarmó cuando escucharon que los filisteos querían atacarles. *"Luego Samuel ordenó: 'Reúnan a todo Israel en Mizpa para que yo ruegue al Señor por ustedes'"* (1 Samuel 7:5). La respuesta fue la intercesión. Veamos los dos tipos de intercesión exitosa, como queda ilustrado en el ejemplo de Samuel.

Primero, Samuel derramó agua: *"Cuando los israelitas se reunieron en Mizpa, sacaron agua y la derramaron ante el Señor"* (1 Samuel 7:6). El agua representa la Palabra de Dios. Por ejemplo, usted recibe *"lavándola con agua mediante la palabra"* (Efesios 5:26).

Después Samuel hizo un sacrificio:

> *Samuel tomó entonces un cordero pequeño y lo ofreció en holocausto al Señor. Luego clamó al Señor en favor de Israel, y el Señor le respondió.* (1 Samuel 7:9)

El acto de interceder estuvo conectado a un sacrificio. Del mismo modo, cada oración de intercesión está conectada a un sacrificio: el sacrificio de Jesucristo en la cruz del Calvario. Las oraciones de intercesión de Samuel recibieron respuesta con la victoria de Israel sobre los filisteos porque él las había conectado a un sacrificio al hacer un holocausto. Nunca deje a un lado la sangre de Cristo ni subestime su importancia en la intercesión, porque *"sin derramamiento de sangre no hay perdón"* (Hebreos 9:22).

Dar sanidad

El Rey Jeroboam rechazó la Palabra de Dios declarada por un hombre de Dios. Cuando el rey intentó atraparle, su mano se secó. Ahora, arrepentido por haber rechazado la Palabra de Dios, Jeroboam le pidió a ese mismo hombre de Dios:

> *¡Apacigua al Señor tu Dios! ¡Ora por mí, para que se me cure el brazo! El hombre de Dios suplicó al Señor, y al rey se le curó el brazo, quedándole como antes.*
>
> (1 Reyes 13:6)

Es bueno y apropiado orar por la sanidad de otros. Cualquiera que haya estado alguna vez enfermo conoce el sentimiento de desesperación por volver a estar bien. Debemos orar para que la gente sea sanada.

La historia del Rey Jeroboam ilustra que cuando otras personas nos piden que oremos, nos están concediendo una medida de autoridad en sus vidas. Aunque el Rey Jeroboam se había rebelado contra Dios, tenía cierto respeto por el hombre de Dios y recibió bendiciones a través de él.

Un conocido mío tenía una hija que estaba muy enferma. Su esposa también tenía una enfermedad mental. Sin embargo, aunque este hombre sabía que Dios me usa para sanar, no quiso pedirme que orase por su familia, sino que prefirió discutir conmigo de la Biblia en lugar de usar la Palabra de Dios para animar a su familia.

Yo le pregunté: "¿Cuándo me vas a pedir que ore por tu familia?".

Él contestó: "Dios puede sanarles sin que tú ores. Si quieres orar, puedes orar por ellos cuando quieras en tu casa".

Yo quería que él accediera a que yo impusiera mis manos sobre su esposa y su hija, pero nunca me permitió ir y orar por ellas.

La tragedia llegó cuando su esposa se suicidó.

Jesús dijo: *"Cualquiera que recibe a un profeta por tratarse de un profeta, recibirá recompensa de profeta; y el que recibe a un justo por tratarse de un justo, recibirá recompensa de justo"* (Mateo 10:41). Cuando usted recibe las oraciones de otra persona, le está otorgando a esa persona más autoridad sobre su vida que la que tendría tan solo orando por usted desde su casa, independientemente de que usted le haya dado permiso o no de hacerlo. Por eso es importante conseguir el acuerdo de las personas por las que está orando, siempre que esto sea posible. Aunque puede que sus oraciones sean eficaces aún sin el consentimiento de las personas por las que está orando, su poder aumenta significativamente cuando otros reciben con disposición sus oraciones.

A veces la gente me dice: "Si Dios le dio poder a usted para sanar a los enfermos, ¿por qué no va a los hospitales y sana a todos?". Este tipo de comentario indica una gran ignorancia con respecto a la ley de la responsabilidad y la autoridad. Cuanto más responsable es usted, más autoridad tiene. Si alguien recibe sus oraciones, entonces tiene más autoridad en su vida, y sus oraciones tienen más probabilidad de recibir respuestas.

Beneficios personales de interceder

Los problemas de Job se terminaron cuando oró por sus amigos.

> *Después de haber orado Job por sus amigos, el SEÑOR lo hizo prosperar de nuevo y le dio dos veces más de lo que antes tenía.*   (Job 42:10)

Aquí encontramos un gran secreto: Dios le recompensa cuando usted ora por otros. Sé que parece un gran esfuerzo orar por los demás, pero Dios le bendecirá por tomarse el tiempo para orar por otros. Si la iglesia realmente entendiera este principio, cada reunión de oración estaría llena.

Estoy convencido de que la prosperidad vendría antes si dedicásemos más tiempo a orar por otras personas. Quizá usted es alguien que está siempre orando por otros. Si ve que la mayoría de estas oraciones no reciben respuesta, quizá quiera considerar cambiar su enfoque de usted mismo a otros. Comience a apartar tiempo para orar por otras personas. Cuando lo haga, Dios se ocupará de bendecirle a usted también.

Lucha en la oración de intercesión

> *Les manda saludos Epafras, que es uno de ustedes. Este siervo de Cristo Jesús está siempre luchando en oración por ustedes, para que, plenamente convencidos, se mantengan firmes, cumpliendo en todo la voluntad de Dios.*
> (Colosenses 4:12)

La lucha es el deporte más duro que he practicado jamás. Comparados con la lucha, el béisbol, baloncesto e incluso el fútbol americano parecen fáciles. Y le puedo decir por experiencia propia que orar por otros es el tipo más duro de oración, porque conlleva mucha lucha. Pero no puede rendirse.

La palabra griega para *"luchar"* es *agonizamai*, de donde obtenemos la palabra *agonizar*. Usted también agonizará al orar por otros. Sentirá su dolor cuando ore por ellos. La intercesión profunda es dolorosa, pero necesaria. Por eso la intercesión eficaz nunca es un tiempo corto de oración por otra persona. Las oraciones cortas y sencillas están bien, de vez en cuando, pero debe estar dispuesto a entregarse por completo al Espíritu Santo y dejarle agonizar a través de usted. *"Pero el Espíritu mismo intercede por nosotros con gemidos que no pueden expresarse con palabras"* (Romanos 8:26). Observe la palabra *"gemidos"*. Gemir es un sonido que alguien hace cuando está en una dolorosa agonía.

"Gemidos" en la oración personal

He aprendido a dejar que el Señor gima a través de mí. A veces, literalmente gimo en oración. No recomiendo hacer esto públicamente. Sin embargo, en alguna ocasión, en momentos privados con Dios, me han oído gemir.

En la secundaria, dos compañeros de clase eran ateos que siempre se reían de mi fe. Intenté hablarles, pero parecía que nada funcionaba. Entonces, un día, Dios me llevó a un tiempo de profunda intercesión por ellos. Gemí en voz alta y lloré incontrolablemente por ellos. Esto duró varios minutos.

Dos años después de graduarnos de secundaria, comencé mi iglesia. Tras varios meses, uno de los chicos, Jerry, vino a una reunión. Me emocioné mucho, y también me sorprendí, al verle. Después de la reunión, me dijo que estaba trabajando para la NASA y que había venido a visitar a su familia y que quería verme.

"¿Por qué has venido a mi iglesia?", le pregunté. "¿Por qué querías verme?".

Él me respondió: "Tom, me hice cristiano. Quería venir y decirte personalmente que entregué mi vida a Cristo".

Lágrimas de gozo corrieron por mis mejillas cuando Jerry me contó cómo se había convertido. No pude impedir preguntarme si mis gemidos en intercesión habían tenido alguna pequeña parte de culpa en la conversión de esta persona. No lo sé de cierto, pero creo que veríamos a más personas recibir la salvación si nos entregásemos más de lleno al Espíritu Santo, y si estuviéramos más dispuestos a gemir en dolores y luchar en oración por los que se pierden.

"Gemidos" de la oración de Jesús

En Marcos 7 hay un relato de la sanidad de Jesús de un hombre mudo.

> *Luego, mirando al cielo, [Jesús] suspiró profundamente y le dijo: "¡Efatá!" (que significa: ¡Ábrete!). Con esto, se le abrieron los oídos al hombre, se le destrabó la lengua y comenzó a hablar normalmente".*   (Marcos 7:34–35)

Jesús no ofreció una oración rápida por la sanidad de este hombre, sino que miró al cielo, "*suspiró profundamente*", y ordenó que los oídos de este hombre "se abrieran". Las palabras "*suspiró profundamente*" sugieren la idea de un gran dolor y gemido. Creo que Jesús estaba en una profunda intercesión por el hombre y que por eso sus palabras tuvieron fe y poder. Estoy convencido de que nuestras palabras de fe tendrían mucho más poder si entrásemos en esta área profunda de intercesión.

Jesús experimentó algo similar en la tumba de Lázaro.

Al ver llorar a María y a los judíos que la habían acompañado, Jesús se turbó y se conmovió profundamente.
—¿*Dónde lo han puesto?* —*preguntó.* —*Ven a verlo, Señor* —*le respondieron. Jesús lloró.* (Juan 11:33–35)

Jesús *"se turbó y se conmovió profundamente"*. Debió haber alguna manifestación externa de que Jesús se había conmovido profundamente, quizá mediante sentimientos de dolor. Creo que estaba agonizando en el Espíritu. Probablemente gimió en el Espíritu. Finalmente, *"lloró"*. Esta fue la máxima expresión de intercesión. ¿Alguna vez ha llorado por los perdidos? ¿Ha gemido en su espíritu al ver a gente que no está experimentando la plenitud de las bendiciones de Dios? Dios quiera que su dolor le lleve a orar profundamente en el Espíritu.

Capítulo 9

La oración de atar y desatar

Te daré las llaves del reino de los cielos; todo lo que ates en la tierra quedará atado en el cielo, y todo lo que desates en la tierra quedará desatado en el cielo.
—Mateo 16:19

Se podría argumentar que "atar y desatar" no es realmente orar sino una autoridad que Dios nos ha dado. En la oración de atar y desatar, las palabras que decimos están dirigidas a Satanás. En el Padre Nuestro, se nos enseña a orar: "*Y no nos dejes caer en tentación, sino líbranos del maligno*" (Mateo 6:13). La oración de atar y desatar es el medio por el que Dios cumple esta petición.

La gente a menudo no se siente cómoda hablándole directamente al diablo. Sin embargo Jesús le habló en muchas ocasiones en la Biblia, diciendo por ejemplo: "*¡Aléjate de mí, Satanás!*" (Mateo 16:23) y "*¡Vete, Satanás!*" (Mateo 4:10).

"*Todo lo que* **ates** *en la tierra quedará atado en el cielo, y todo lo que desates en la tierra quedará desatado en el cielo*". ¿Qué significa realmente este pasaje? Jesús estaba diciendo que el cielo atará todo lo que usted ate y desatará todo lo que usted desate. La palabra griega para *atar* significa "atar con cadenas", "prohibir", y la palabra para *desatar* significa "soltar", "permitir". En otras palabras, el cielo encadenará todo lo que usted encadene y soltará todo lo que usted suelte. El cielo también prohibirá todo lo que usted prohíba y permitirá todo lo que usted permita.

Cuando llega una tragedia, a menudo la gente cuestiona a Dios, queriendo saber por qué permitió que ocurriera. La respuesta es que Dios nos ha dado a nosotros, la iglesia, el poder para permitir o no permitir todo lo que provenga del diablo. Muchas cosas que suceden están causadas por el diablo. No podemos culpar a Dios de lo que hace el diablo. Dios no es el responsable de detener al diablo. ¡Somos nosotros! El diablo ya está derrotado, pero es nuestra responsabilidad atarle con cadenas.

Los límites de atar

Algunos teólogos limitan el uso de atar y desatar a la autoridad de la iglesia. Confinan el concepto de atar a la excomunión de personas y niegan su aplicación a las tácticas de Satanás. No cabe duda de que eso es parte de lo que significa la palabra *atar*, pero el significado del Nuevo Testamento incluye la autoridad de atar y desatar al diablo. En otras palabras, todo lo que proceda del diablo, ya sea enfermedad, posesión demoniaca o algún otro mal, tenemos autoridad para detenerlo.

Anteriormente en el evangelio de Mateo, Jesús dijo esto sobre atar a Satanás:

*¿O cómo puede entrar alguien en la casa de un hombre fuerte y arrebatarle sus bienes, a menos que primero lo **ate**? Sólo entonces podrá robar su casa.* (Mateo 12:29)

El *"hombre fuerte"* es Satanás. Se le menciona en un versículo anterior: *"Si Satanás expulsa a Satanás, está dividido contra sí mismo"* (Mateo 12:26).

Así que Jesús se describe a sí mismo como el que "ata" al hombre fuerte. La palabra griega traducida como "atar" es *deo*, y se encuentra tanto en Mateo 16:19 como en Mateo 12:29. En el primer pasaje se refiere a llaves que atan; en el otro, describe las acciones que emprende el Señor en contra del hombre fuerte. La palabra *deo* también se usa en conexión con el diablo cuando este hace que las personas se enfermen. Después de que Jesús sanara a la mujer encorvada, dijo: "*Sin embargo, a esta mujer, que es hija de Abraham, y a quien Satanás tenía* **atada** *durante dieciocho largos años, ¿no se le debía quitar esta cadena en sábado?*" (Lucas 13:16). Jesús describió a esta mujer enferma como alguien que estaba "*atada*" por Satanás.

En Apocalipsis 20, se usa la misma palabra griega cuando se describe el momento en que Satanás será atado durante mil años.

> *Vi a un ángel que descendía del cielo, con la llave del abismo, y una gran cadena en la mano. Y prendió al dragón, la serpiente antigua, que es el diablo y Satanás, y lo* **ató** *por mil años.* (Apocalipsis 20:1–2, RVR)

El ángel "*ató*" Satanás con una cadena y lo encerró en el abismo con una llave. Está claro entonces que la autoridad que Cristo nos dio para atar se puede aplicar también al diablo.

Pistas en las llaves

Regresemos al pasaje de Mateo 16 que habla sobre el poder de atar y desatar. Algunas personas dicen que Jesús le estaba hablando a Pedro acerca de las llaves del reino, y como resultado, suponen que Pedro fue el único poseedor de las llaves del reino. Aunque es cierto que Pedro fue el primero en recibir las llaves de Jesús, después Él también les dio las llaves a los demás discípulos, y les dijo: "*Les aseguro* [a los doce] *que todo lo que ustedes aten en la tierra quedará atado en el cielo, y todo lo que desaten en la tierra quedará desatado en el cielo*" (Mateo 18:18). Esta es la misma frase que le dijo a Pedro en Mateo 16:19. Por tanto, Pedro no fue el único poseedor de las llaves del reino. Los demás discípulos también las recibieron.

La mayoría de las personas no llegan a entender del todo lo que pueden hacer las llaves del reino. Los que defienden la sucesión apostólica creen que Jesús le estaba dando a Pedro el derecho a admitir a la gente en el cielo o a negarles el acceso. Pero esto no es lo que nos enseña la Biblia.

Las llaves son para la tierra

En vez de sacar conclusiones rápidas con respecto al poder de las llaves del reino, deberíamos permitir que Jesús nos dijera lo que pueden hacer dichas llaves. Volvamos a leer las palabas que Jesús le dijo a Pedro: "*Te daré las llaves del reino de los cielos; todo lo que ates en la tierra quedará atado en el cielo*" (Mateo 16:19). No se pueden usar estas llaves para atar cosas en el cielo; tan solo se pueden usar para atar cosas "*en la tierra*". En verdad el cielo respaldará todo lo que usted ate aquí, pero solo puede atar directamente lo que esté aquí en la tierra. Podemos deducir entonces que estas llaves no tienen nada que ver con la apertura de las puertas del cielo a ciertas personas y el hecho de cerrárselas a otras.

Las llaves dan dominio

Las llaves representan propiedad, lo cual se traduce en autoridad y poder. Cuando me compré mi casa, recibí las llaves. Esto quería decir que ahora tenía el derecho legal y la potestad de entrar en mi casa. Cuando Jesús dijo: "*Te daré las llaves*", realmente quiso decir: "Te daré autoridad y poder para permitir o no permitir cosas que suceden en la tierra".

Jesús usó el término *"reino de los cielos"* para referirse al reino soberano de Dios sobre el mundo. Muchas personas suponen erróneamente que este término se refiere al cielo en sí: la esfera espiritual en la que entramos después de la muerte física. Sin embargo, eso no es lo mismo que el *"reino de los cielos"*.

Jesús usó a menudo parábolas para describir el reino de los cielos, y ninguna de sus parábolas sugería que este reino fuera el lugar donde van los creyentes después de la muerte. El reino de los cielos es simplemente el ámbito eterno del poder y la autoridad de Dios. *"Porque el reino de Dios no es cuestión de palabras sino de poder"* (1 Corintios 4:20). El reino de Dios *es* su poder. Esto significa que Jesús nos estaba dando la autoridad y el poder celestial de Dios para llevar a cabo la voluntad de Dios sobre la tierra.

Las llaves son plurales

Estaba leyendo la Biblia acerca de las llaves del reino cuando el Señor me habló y me preguntó: *¿Te has fijado que la palabra "llaves" es plural?*

Yo respondí: "No, Señor, ¡no me había dado cuenta antes!".

El Señor continuó: *El problema que tiene mi pueblo es que intentan atar y desatar solo con una llave. Yo les he dado más de una, y deberían usar todas las llaves que les he dado.*

Yo pregunté: "Señor, ¿cuántas llaves nos diste?".

Él respondió recordándome Hechos 4:29–31, donde rápidamente vi que se identificaban claramente las tres llaves del reino:

[Pedro y Juan oraron,] *"Ahora, Señor, toma en cuenta sus amenazas y concede a tus siervos el proclamar **tu palabra** sin temor algún. Por eso, extiende tu mano para*

*sanar y hacer señales y prodigios mediante **el nombre de
tu santo siervo Jesús**". Después de haber orado, tembló
el lugar en que estaban reunidos; todos fueron llenos del
Espíritu Santo, y proclamaban la palabra de Dios sin
temor alguno.*

Un gran gozo llenó mi corazón cuando reconocí estas
tres llaves: la Palabra de Dios, el nombre de Jesús y el Espíritu
Santo. Usted necesita las tres llaves para ejercer dominio sobre el diablo. No puede emplear tan solo una llave y pensar
que todo va a estar bien. Necesita las tres llaves. Mientras
meditaba en esta revelación, el Señor comenzó a aclararme
estas cosas. Me di cuenta de que las llaves representan las tres
ramas del gobierno de Dios.

*Pues nos ha nacido un niño, un hijo se nos ha dado; el
gobierno descansará sobre sus hombros,.... Su gobierno
y la paz nunca tendrán fin. Reinará con imparcialidad y
justicia desde el trono de su antepasado David por toda
la eternidad. ¡El ferviente compromiso del Señor de los
Ejércitos Celestiales hará que esto suceda!*

(Isaías 9:6–7, NTV)

Observe que Jesús sostiene *"su gobierno"*. No lea mal esto
pensando que Él sostiene los gobiernos humanos. Jesús tiene
su propio gobierno, su propio reino. Las llaves del reino son
las ramas de su gobierno. Como Él gobierna es mediante estas llaves.

Tres ramas del gobierno de Dios

La mayoría de los gobiernos terrenales tienen tres ramas: legislativa, judicial y ejecutiva. En los Estados Unidos,
la rama legislativa es el Congreso. Es el que hace las leyes.
La rama judicial es nuestro sistema de cortes, que llega en su

escalón más alto a la Corte Suprema. Interpreta la autoridad de las leyes. Después está la rama ejecutiva, que representa un solo hombre: el presidente. Su tarea es hacer cumplir la autoridad de las leyes.

Con estas tres ramas en mente, puede ver los paralelismos del gobierno del reino de Dios: la Palabra de Dios es la rama legislativa, el nombre de Jesús es la rama judicial y el Espíritu Santo es la rama ejecutiva.

La rama legislativa: La Palabra de Dios

La Palabra de Dios es la rama legislativa del gobierno del reino de Dios. Como tal, decide lo que usted puede atar y desatar. En tiempos de Jesús, los términos *atar* y *desatar* tenían una connotación legal. "Atar" algo era declararlo ilegítimo; "desatar" algo era autorizarlo, declararlo legítimo. La Palabra de Dios nos dice lo que es legítimo y lo que es ilegítimo.

Lo primero que debe conocer para ejercer dominio sobre el diablo es la ley, así como un oficial de policía debe estar familiarizado con la ley para hacerla cumplir. ¿Cómo puede hacer cumplir la ley si no sabe lo que dice? No puede. Y lo mismo ocurre con usted. ¿Cómo puede atar a Satanás si no conoce la ley, que es la Palabra de Dios? No sabrá lo que es ilegítimo para Satanás si no sabe lo que dice la Palabra de Dios.

Muchas personas intentan ejercer dominio sobre el diablo cuando este trae enfermedad, pobreza, tentación y otros males. Sin embargo, a menos que estén familiarizados con la Palabra de Dios y se mantengan firmes en lo que dice, estas personas serán derrotadas. Cuando sufran enfermedades, por ejemplo, quizá digan: "¡Diablo, sal de mi vida y llévate contigo la enfermedad!".

A lo cual el diablo responde: "¿Por qué me tengo que ir? ¡No tengo que obedecerte!".

En ese momento, muchos cristianos sinceros no conocen ningún versículo para usar contra el diablo. No saben lo que dice la Palabra de Dios acerca de la enfermedad y la sanidad divina.

Cuando Jesús fue tentado, simplemente dijo: "Escrito está...", y le dio al diablo una contestación bíblica (véase Mateo 4:4, 7, 10; Lucas 4:4, 8, 10). ¿Puede usted decirle al diablo: "Escrito está..."? Si no puede, entonces definitivamente tiene un problema.

Por si no lo sabe, el diablo no tiene miedo de usted, en lo personal. Él tiene miedo de Dios. *"¿Tú crees que hay un solo Dios? ¡Magnífico! También los demonios lo creen, y tiemblan"* (Santiago 2:19). El diablo y sus demonios tienen miedo de Dios. Si usted no les puede decir lo que Dios ha dicho, entonces seguirán dando vueltas a su alrededor tentándole, porque no le tienen miedo.

Hace varios años, nuestra iglesia tenía sus reuniones en un edificio que tenía otro arrendatario. En un acto de maldad, el otro inquilino cerró el agua. Desgraciadamente, el acceso a la línea del agua estaba localizado en su lado del edificio.

Llamamos a la policía, y enviaron a un agente. Después de haberle explicado la situación, fue con el otro inquilino y le preguntó si había cerrado la llave del agua.

"Sí", admitió.

"¿Sería usted tan amable de volver a abrirla?", le pidió el agente.

"No".

El agente se quedó impactado pero no pudo hacer nada. Regresó y me dijo: "Pastor, no tengo jurisdicción sobre la instalación de agua. La autoridad sobre el agua le pertenece a la compañía del agua".

Yo había llamado a la persona equivocada. La policía local no pudo ejercitar su jurisdicción en el área de esos servicios. Aunque el oficial de policía llevaba una pistola, una porra, gas lacrimógeno y unas esposas, no pudo usar esos instrumentos de poder en un área donde no tenía autoridad, según la ley.

La única autoridad que puede ejercer jurisdicción sobre el diablo es la Palabra de Dios. Es la única autoridad a la que escuchará. Ninguna otra palabra hará que el diablo obedezca. Solo la Palabra de Dios puede poner freno a las tácticas de Satanás y expulsarle.

La rama judicial: Jesucristo

La rama judicial del gobierno de Dios tiene la autoridad para tomar decisiones basadas en la ley. Esta rama se encuentra en la persona de Jesucristo, a quien Dios estableció como el máximo Juez: *"Él [Dios] ha fijado un día en que juzgará al mundo con justicia, por medio del hombre que ha designado. De ello ha dado pruebas a todos al levantarlo de entre los muertos"* (Hechos 17:31).

La Corte Suprema de los Estados Unidos está compuesta por jueces que interpretan la ley. De igual modo, Jesucristo es el intérprete de la Palabra de Dios y la autoridad final sobre lo que ella dice. Me sorprende ver a tantos creyentes alejándose de las declaraciones de Jesús en la Biblia para seguir sus propias conclusiones. Por ejemplo, Jesús dice: *"Ciertamente les aseguro que el que cree en mí las obras que yo hago también él las hará, y aun las hará mayores, porque yo vuelvo al Padre"* (Juan 14:12). A pesar de la clara promesa de Cristo, muchas iglesias niegan que los milagros sean para que los creyentes de hoy los ejerciten. He oído a predicadores decir: "Creo que Dios puede sanar, pero no creo que los sanadores de fe puedan".

A lo que se refieren con "sanadores de fe" es a aquellos que imponen manos sobre los enfermos, como hacía Jesús en los tiempos bíblicos. Si un sanador de fe es alguien que cree que Dios puede sanar *por medio de* él, entonces todos debiéramos ser sanadores de fe.

Los que dudan de los milagros en la actualidad a menudo interpretan versículos que hablan de creyentes que tienen poderes milagrosos a la luz de sus tradiciones denominacionales. En cambio, deberían interpretar esos versículos a la luz de la autoridad de Cristo, el cual establece claramente que la Palabra de Dios enseña que todos los creyentes poseen el poder sobrenatural de Dios para hacer milagros.

Al final, usted puede leer, memorizar y predicar todos los versículos que quiera, pero si rechaza las enseñanzas de Jesucristo y hace caso omiso de las interpretaciones que Él da de la Escritura, ha perdido una llave vital para atar la obra del diablo. Habrá cometido el error de los teólogos de los tiempos de Jesús, a quienes Jesús mismo dijo: "*¡Ay de ustedes, expertos en la ley!, porque se han adueñado de la llave del conocimiento. Ustedes mismos no han entrado, y a los que querían entrar les han cerrado el paso*" (Lucas 11:52). Esta situación sigue existiendo hoy. Muchos creyentes sinceros desean entrar en toda la plenitud del evangelio: lenguas, sanidad, fe, dones del Espíritu, guerra espiritual; sin embargo, iglesias atadas a la tradición impiden que estos hambrientos discípulos vayan en pos de una vida llena del Espíritu.

Mediante el nombre de Jesús, tenemos toda la autoridad para expulsar demonios y hacer milagros. Jesús dijo:

Vayan por todo el mundo y anuncien las buenas nuevas a toda criatura. El que crea y sea bautizado será salvo, pero el que no crea será condenado. Estas señales acompañarán a los que crean: en mi nombre expulsarán demonios; hablarán en nuevas lenguas; tomarán en sus manos serpientes; y cuando beban algo venenoso, no les hará daño alguno; pondrán las manos sobre los enfermos, y éstos recobrarán la salud. (Marcos 16:15–18)

¿Cómo debían hacer estos creyentes los milagros? Jesús dio una respuesta clara: *"en mi nombre"*. Los hacemos en el nombre de Jesús. Usted puede declarar la Palabra de Dios y ver algunos resultados, pero verá resultados mucho mejores cuando declare la Palabra en el nombre de Jesús. Los demonios escuchan el nombre de Jesús.

¿Cumple usted con el límite de velocidad y las demás reglas de circulación? Quizá vaya a responder diciendo: "Sí, si veo que hay una patrulla de policía cerca". Es increíble lo lento que conduce la mayoría de la gente cuando hay un policía estacionado a un lado de la carretera. Ese automóvil de policía representa autoridad, y la autoridad, especialmente cuando está presente, normalmente hace que la gente obedezca la ley.

Los conductores por lo general traspasan el límite de velocidad de las señales, rehusando así adaptarse a la velocidad de la señal. Los demonios se comportan de forma parecida. Usted puede citarles las Escrituras, pero le ignorarán hasta que les demuestre la autoridad que tiene en el nombre de Jesús. Cuando usted dice: "En el nombre de Jesús, la Palabra de Dios dice esto y lo otro", los demonios escuchan y obedecen. Actúan como los conductores que sobrepasan el límite de velocidad y que de repente observan un auto de policía estacionado cerca.

¿Entiende la autoridad que tiene en el nombre de Jesús? El nombre de Jesús es su placa de autoridad. Un oficial de policía puede estar en un cruce y dirigir el tráfico. Alza su mano y hace sonar su silbato, y el tráfico se detiene. Cuando usted muestra con confianza su placa de autoridad al diablo, él obedece. Su placa es el nombre de Jesús.

Los discípulos reconocieron su autoridad en Cristo. Dijeron a Jesús: *"Señor, hasta los demonios se nos someten en tu nombre"* (Lucas 10:17). Básicamente, lo que estaban diciendo era: "Los demonios saben que tú eres la Corte Suprema de Justicia del reino. ¡Nos obedecen cuando usamos tu autoridad!".

Pocas personas entienden lo que significa usar el nombre de Jesús. Su nombre no es una contraseña o un hechizo mágico. Los siete hijos de Esceva intentaron usar el nombre de Jesús de este modo y, como resultado, un hombre poseído por un demonio les dio una paliza (véase Hechos 19:13–16).

Un hombre es solo tan bueno como la persona que lleva dicho nombre. Si yo le entregara un cheque por un millón de dólares, ¿se alegraría? Quizá sí. Pero ¿qué ocurriría si le dijera que no tengo un millón de dólares en el banco? Mi firma, y el cheque de un millón de dólares, no significarían nada. Para entender el valor y el poder en el nombre de Jesús, debe entender la riqueza y autoridad de Jesús. Debe saber lo que hay en el nombre de Jesús. Él es digno, incomparable e inconmensurable, con riquezas incalculables.

La rama ejecutiva: El Espíritu Santo

Ahora llegamos a la rama ejecutiva del gobierno de Dios: el Espíritu Santo. Las leyes y la autoridad para interpretarlas son importantes, pero valen de poco si no hay un poder que las haga cumplir. En la década de 1960, la Corte Suprema de los Estados Unidos usó su autoridad para proscribir la segregación racial. Sin embargo, muchos racistas se negaron a permitir que hubiera minorías en sus escuelas, empresas y organizaciones. ¿Quién ayudó a las minorías? No fueron los tribunales de la Corte Suprema, sino el presidente. Él envió a la Guardia Nacional para asegurar los derechos legales de las minorías.

No es tarea de Cristo hacer que le diablo cumpla la Palabra de Dios, ya que esa tarea recae sobre el Espíritu Santo. Cristo mismo dijo: *"Expulso a los demonios por medio del Espíritu de Dios"* (Mateo 12:28) y: *"Yo no puedo hacer nada por mi propia cuenta"* (Juan 5:30). Jesús declaró que sus milagros los hacía por el poder del Espíritu Santo, y no por su propio poder. De hecho, Jesús nunca realizó ningún milagro hasta que fue lleno del Espíritu Santo, el cual le capacitó para hacerlos.

El Espíritu Santo es el que tiene el *poder*. Cristo es el que tiene la *autoridad*. El nombre de Jesús le da autoridad, y el Espíritu Santo le da poder para ejecutar esa autoridad. Debe expulsar demonios mediante la autoridad del nombre de Jesús y mediante el poder del Espíritu Santo.

Después de que Jesús diera a sus discípulos la autoridad para expulsar demonios, les dijo: *"No se alejen de Jerusalén, sino esperen la promesa del Padre….Pero cuando venga el Espíritu Santo sobre ustedes, recibirán poder"* (Hechos 1:4, 8). Jesús no dijo que recibirían autoridad sino *"recibirán poder"* cuando el Espíritu Santo venga sobre ustedes. La Biblia siempre asocia el poder con el Espíritu Santo. Él es quien tiene el poder de Dios.

Así como los discípulos necesitaban el poder del Espíritu Santo en sus vidas, nosotros también necesitamos ese mismo poder. Debemos recibir el Espíritu del mismo modo que ellos lo hicieron. No funcionará ninguna otra forma. Usted nunca ganará su batalla contra el diablo sin el bautismo del Espíritu Santo.

Lo mismo ocurrió con Jesús, quien necesitó el Espíritu Santo para ganar su batalla contra Satanás.

Un día en que todos acudían a Juan para que los bautizara, Jesús fue bautizado también. Y mientras oraba, se abrió el cielo, y el Espíritu Santo bajó sobre él en forma de paloma....Jesús, lleno del Espíritu Santo, volvió del Jordán y fue llevado por el Espíritu al desierto. Allí estuvo cuarenta días y fue tentado por el diablo.

(Lucas 3:21–22; 4:1–2)

Jesús era tan Hijo de Dios antes de ser bautizado y lleno del Espíritu como lo era después. Usted era tan hijo de Dios antes de ser bautizado y lleno del Espíritu como lo es ahora, y como Jesús, no estará preparado para confrontar al diablo hasta que sea lleno del Espíritu. Si Cristo necesitó al Espíritu Santo para confrontar a Satanás, probablemente usted también necesite al Espíritu Santo para derrotarle.

Nunca deje de llenarse

Muchos creyentes que se identifican como carismáticos o pentecostales se detienen en el bautismo del Espíritu Santo, pensando que ya tienen todo lo necesario. Esto sería cierto si ya se fueran a quedar llenos con del Espíritu Santo para siempre, pero desgraciadamente, como sugirió una vez D. L. Moody, la razón por la que tenemos que seguir llenándonos del Espíritu es porque nuestros vasos tienen grietas.

El apóstol Pablo amonestó a los cristianos de Éfeso, diciendo *"sean llenos del Espíritu"* (Efesios 5:18). Como Pentecostal, me enseñaron que cuando recibí el Espíritu Santo, le recibí para siempre. Aunque es cierto que fui lleno del Espíritu y hablé en lenguas, la Biblia dice claramente que uno debe mantener una vida llena del Espíritu.

Solo porque una vez hablara en lenguas no significa que sea lleno del Espíritu para siempre. El mismo libro de los

Hechos que me convenció de mi necesidad de ser lleno del Espíritu también me enseñaba que tenía que *mantenerme* lleno del Espíritu. En Hechos 4:31, dice: *"Todos fueron llenos del Espíritu Santo, y proclamaban la palabra de Dios sin temor alguno"*. ¿Quiénes eran los que fueron llenos del Espíritu? Los apóstoles y el resto de los discípulos. Todos habían sido llenos del Espíritu el día de Pentecostés, así que esta fue *otra* llenura, lo cual sugiere que necesitaron ser llenos del Espíritu Santo varias veces.

Hay un rellenado del Espíritu que muchos pentecostales desconocen. La razón por la que necesita rellenarse es que las dificultades de la vida le drenan. Cada vez que pasa por una dificultad, el poder de Dios se libera para ayudarle a vencerlo. Como resultado, su nivel de "llenura" disminuye. Para restaurarse y volver a tener el nivel que tenía, tiene que rellenar su vida espiritual mediante la lectura diaria de la Palabra y la oración, así como mediante el ayuno periódico.

La importancia de "rellenarse"

Un gran ejemplo de esta verdad en acción es la historia de Pablo en la isla de Malta, donde fue a parar tras un naufragio. Cuando el barco pasó la isla, Pablo y los demás a que iban a bordo se encontraban en grave peligro de perder sus vidas a causa de la terrible tormenta que zarandeaba el barco de un lado para otro. Pero Pablo mantuvo la fe de que estarían a salvo, y así fue. El barco quedó destruido, obligando a sus ocupantes a nadar hasta la orilla.

Pero las dificultades de Pablo no habían terminado aún. Encendió un fuego para calentarse, y cuando se dispuso a recoger algunos palos para la leña a fin de avivar el fuego, le mordió una serpiente venenosa. Pablo aparentemente se acordó de la frase de Jesús de que los que creyeran en él tomarían serpientes y beberían cosas mortíferas sin sufrir ningún daño. Así que Pablo se aferró a la Palabra de Dios, y no sufrió ningún daño. Este milagro hizo que otros trataran a Pablo de manera hospitalaria, e incluso le dieron la bienvenida en casa del oficial jefe, donde ocurriría otro milagro.

"El padre de Publio [el oficial] *estaba en cama, enfermo con fiebre y disentería. Pablo entró a verlo y, después de orar, le impuso las manos y lo sanó"* (Hechos 28:8). Una vez, cuando leía este relato, observé algo inusual: Pablo no impuso sus manos sobre el hombre hasta *después* de haber orado. Entonces, ¡lo entendí! Pablo estaba tan seco espiritualmente por el naufragio y la mordedura de la serpiente que no estaba del todo listo para imponer manos sobre este hombre. Necesitaba orar primero. Después de orar, estuvo listo para sanar al hombre. Mediante la oración, Pablo *rellenó* su almacén de poder espiritual y por consiguiente pudo ejercitar el poder de Dios para sanar al hombre.

Me pregunto cuántos de nosotros somos realmente conscientes de la necesidad de pasar tiempo en oración antes de intentar manifestar un milagro. La oración rellena nuestra vida con el poder de Dios para que tengamos el poder necesario para vencer las obras de Satanás.

La importancia de orar y ayunar

Quizá recuerde el incidente en el que los discípulos intentaron expulsar en vano a un espíritu maligno (véase, por ejemplo, Mateo 17:14–18). Después que Jesús sí lo expulsara, los discípulos le preguntaron: *"¿Por qué nosotros no pudimos expulsarlo?"* (Mateo 17:19). La frase *"no pudimos"* implica una falta de habilidad, no de autoridad. Los discípulos habían intentado usar la autoridad en el nombre de Jesús, pero el nombre no fue suficiente en este caso. Jesús afirmó este hecho cuando dijo que *"este género* [de demonios] *no sale sino con oración y ayuno"* (Mateo 17:21, RVR). Jesús estaba explicando que a veces es necesario suplementar su nombre con oración y ayuno. En vez de dedicarse a la oración y el ayuno, estos discípulos habían malgastado su tiempo discutiendo con los escépticos acerca de la religión (véase Marcos 9:14). Jesús, por el contrario, había pasado tiempo evidentemente orando y ayunando en el monte de la Transfiguración. Él estaba preparado con poder para echar fuera al demonio.

Hay algunos demonios que no se someterán al nombre de Jesús. Sé que suena casi blasfemo, pero es cierto. Algunos espíritus son tan rebeldes que lo único lo suficientemente fuerte para expulsarles de las personas es el poder del Espíritu Santo en estado puro, y este tipo de poder solo llega mediante la oración y el ayuno.

Una pareja joven de nuestra iglesia conoció de primera mano el poder del ayuno. Los Guillen tenían una hermosa hija que había nacido con un gran bulto en el lateral de su cuello, un gran tumor que distraía de sus bonitos rasgos. Los Guillen oraron diligentemente por su salud, pero sin embargo no cambió nada en el aspecto de su hija.

Entonces, un día, recibí una llamada de su parte. Dijeron: "¡Pastor, nuestra niña se ha sanado! ¡El tumor ha desaparecido!". Al día siguiente, compartieron su maravilloso testimonio con nuestra iglesia. Con mis propios ojos, pude confirmar esta sanidad. ¡Ahí estaba, perfectamente sanada, sin rastro visible de dónde había estado el tumor!

Lo que más me impresionó no fue la sanidad sino cómo se produjo. Este es el testimonio de los Guillen:

El Señor puso en nuestro corazón la necesidad de ayunar por nuestra hija. No sabíamos mucho acerca del ayuno, pero lo hicimos igualmente. Cuando comenzamos a ayunar, nuestra hija comenzó a quejarse de que le dolía el cuello. Enseguida se puso a gritar de dolor. El tumor blando se endureció. Nos preocupamos, pero sabíamos que Dios nos había llamado a ayunar por nuestra hija, y sabíamos que iba a ser sanada. Una mañana, observamos que el tumor era un poco más pequeño. Al día siguiente, se redujo aún más. Finalmente, el tumor desapareció del todo.

Estoy convencido de que el ayuno de los Guillen produjo la sanidad de su hija. El ayuno aumentó el poder de Dios en sus vidas para que pudieran expulsar el tumor de su hija.

Bendecidos con dominio

Estoy seguro de que se ha dado cuenta a estas alturas de que las tres llaves representan las tres personas de la Trinidad: la Palabra de Dios al *Padre*; el nombre de *Jesús*, su Hijo; y el poder al *Espíritu Santo*. Al tener una relación con la plenitud de la Trinidad, usted recibe las tres llaves del reino.

Justo antes de la creación del hombre, Dios habló por la Trinidad en la primera persona del plural, diciendo: "*Hagamos al ser humano a **nuestra** imagen y semejanza*" (Génesis 1:26). Las primeras palabras de la Trinidad para la humanidad fueron una bendición: "*Y los bendijo con estas palabras: 'Sean fructíferos y multiplíquense; llenen la tierra y sométanla'…*" (Génesis 1:28).

Las últimas palabras que dijo Jesús a la humanidad antes de ascender al cielo también fueron una bendición: "*Después los llevó Jesús hasta Betania; allí alzó las manos y los bendijo*" (Lucas 24:50).

Esta bendición llegó al final de la Gran Comisión de Jesús a sus discípulos:

> *Vayan por todo el mundo y anuncien las buenas nue-*
> *vas a toda criatura. El que crea y sea bautizado será sal-*
> *vo, pero el que no crea será condenado. Estas señales*
> *acompañarán a los que crean: en mi nombre expulsarán*
> *demonios; hablarán en nuevas lenguas; tomarán en sus*
> *manos serpientes; y cuando beban algo venenoso, no les*
> *hará daño alguno; pondrán las manos sobre los enfer-*
> *mos, y éstos recobrarán la salud.* (Marcos 16:15–18)

¿Ve la conexión entre la primera "gran comisión" en Génesis y la última Gran Comisión en los Evangelios? La Trinidad bendijo a los seguidores de Dios con *dominio*. El dominio es tener la autoridad y el poder para gobernar y controlar. Mediante el poder de la Trinidad, las tres llaves del gobierno de Dios, puede usted ser eficaz en su lucha contra el diablo y contar con que tiene asegurada la victoria.

Parte II

Principios de la oración contestada

Capítulo 10

Un principio
universal de oración

Oren en el Espíritu en todo momento,
con peticiones y ruegos. Manténganse alerta y perseveren en
oración por todos los santos.
—Efesios 6:18

Estaba yo en segundo año de secundaria cuando escuché por primera vez al Reverendo Kenneth E. Hagin enseñar sobre diferentes tipos de oración. Escuché su sermón en una cinta de audio en la parte trasera de la casa de mis abuelos, que mi abuelo había construido con ladrillos de adobe a principios de la década de 1900. Era una estructura sencilla sin ninguna pared; solamente un rectángulo con cinco habitaciones: una sala, una cocina y dos dormitorios, con un cuarto de baño adyacente. Más adelante, a medida que la familia fue creciendo, mi abuelo añadió otras dos habitaciones a la parte de atrás de la casa. Una habitación era su dormitorio, y la otra habitación era un espacio llamado "la sala trasera". No había ni calefacción central ni aire acondicionado en aquella casa. La única calidez provenía de un radiador portátil que había en la sala. Cuando había un día frío, para mantener el calor uno se quedaba cerca del radiador, calentándose como si fuese un campista frotándose las manos al lado de una fogata.

Al echar la vista atrás, veo que la casa tenía cierto encanto. En aquel momento, sin embargo, yo la veía solamente como "vieja". La sala trasera era especialmente incómoda cuando el tiempo era frío. Aunque aquel día era un poco frío, el mensaje del reverendo Hagin me dio calidez. La revelación que recibí aquella mañana cambió mi vida para siempre.

La oración debe depender de la situación

Hablando de Efesios 6:18, Hagin explicaba que hay diferentes *"peticiones y ruegos"*, al igual que hay diferentes tipos de deportes. Uno no jugaría al fútbol según las reglas del béisbol. De la misma manera, cada tipo de oración tiene sus propias "reglas" y métodos que la hacen adecuada para situaciones específicas. Hagin hacía referencia a la oración que Jesús hizo en el huerto de Getsemaní cuando dijo: *"Pero no se cumpla mi voluntad, sino la tuya"* (Lucas 22:42). Hagin decía que muchos cristianos se aferran a la frase "si es tu voluntad" cuando oran por salud, sin entender que la oración para obtener salud no debería estar gobernada por la oración que Jesús hizo en el huerto. Hagin explicaba que, en el huerto, Jesús no estaba orando para cambiar las cosas; estaba orando para dedicarse a Él mismo a la voluntad de Dios: una oración de sumisión. Siempre que Él oraba por sanidad, nunca hablaba de la voluntad de Dios, pues sabía que la sanidad era siempre voluntad de Dios. Nunca hubo ninguna pregunta al respecto.

Sin embargo, los creyentes han estado cuestionando la voluntad de Dios con respecto a la sanidad durante milenios. Por ejemplo, un leproso pidió a Jesús que le sanara, diciendo: *"Señor, si quieres, puedes limpiarme"* (Mateo 8:2). Notemos que el leproso utilizó la frase *"si quieres"*. Ese hombre no estaba seguro de si era voluntad de Dios sanarle. Me alegra que las dudas de ese hombre quedaran registradas, porque la mayoría de nosotros podemos identificarnos con esos sentimientos. La mayoría de nosotros, en un momento u otro, hemos dudado de la voluntad de Dios para sanar. Jesús, sin embargo, eliminó toda duda con respecto a la disposición de Dios para sanar: *"Jesús extendió la mano y tocó al hombre. —Sí quiero —le dijo—. ¡Queda limpio! Y al instante quedó sano de la lepra"* (Mateo 8:3). Jesús pareció casi ofenderse de que el leproso dudase sobre su disposición para sanar.

A medida que recorrí las Escrituras buscando cada ocasión en la cual Jesús sanó a alguien, observé que Él siempre sanó cuando le pidieron que lo hiciera, y normalmente atribuía la sanidad de las personas a la propia fe de ellas.

Recordemos que *"tener fe es estar seguro de lo que se espera; es estar convencido de lo que no se ve"* (Hebreos 11:1, RVC). Fe es estar seguro de que algo sucederá. ¿Cómo puede alguien estar *"seguro"* si está *inseguro* de la voluntad de Dios? Al principio, el leproso estaba inseguro, pero cuando oyó a Jesús asegurarle su disposición a sanarle, yo creo que su duda se desvaneció y fue inmediatamente sustituida por fe.

El Reverendo Hagin explicaba que la voluntad de Dios siempre es que sus hijos sean sanados. Estar inseguro de la voluntad de Dios en este asunto es en realidad llevar una "etiqueta de duda". Y una persona que duda *"no piense que va a recibir cosa alguna del Señor"* (Santiago 1:7).

Cuando yo escuché esto, sentí convicción. Como muchos, estaba acostumbrado a utilizar la frase destructora de fe: "Si es tu voluntad, por favor sana a fulano". Nunca había entendido que estaba tomando las reglas que gobernaban la oración de sumisión y aplicándolas mal a la oración de fe.

Desarrollar eficacia con diferentes tipos de oración

He llegado a entender que es posible estar dotado para hacer un tipo de oración en particular pero ser ineficaz al hacer otro tipo de oración, del mismo modo en que alguien puede sobresalir en un deporte pero quedarse corto en otro. Michael Jordan fue posiblemente el mejor jugador de baloncesto de la Historia; sin embargo, su periodo profesional en el béisbol demostró ser un fracaso. Al igual que Michael y sus capacidades para el baloncesto, hay creyentes que tienen capacidades para hacer oraciones de sumisión pero son mediocres cuando se trata de las oraciones de fe. Otros creyentes puede que sean buenos al hacer la oración de intercesión pero sean incapaces de orar en el Espíritu. Algunos creyentes son estupendos para hacer oraciones de petición pero se vuelven tímidos cuando se trata de oraciones de atar y desatar.

Práctica, práctica, práctica

Cuando yo era joven, era bastante bueno en el béisbol; como bateador, en particular. Tenía rápidos reflejos y una excelente coordinación mano-ojo. Debido a mis capacidades, normalmente yo era el bateador principal en la alineación. Cuando comencé a jugar al golf, pensaba que sería "pan comido". Después de todo, yo podía golpear una bola de béisbol rápida sin problema alguno; sin duda, podría golpear una bola de golf que estaba quieta sobre un soporte. Al principio, sin embargo, me resultó difícil golpear esa pequeña bola que no se movía. Y en las raras ocasiones en que me las arreglaba para hacerla salir del soporte, se desviaba a la derecha o a la izquierda. Aunque yo era bueno en el béisbol, necesitaba mucha práctica para llegar a ser bueno en el golf. Con el tiempo, sí llegué a mejorar un poco.

La práctica también perfecciona la oración. Puede que usted esté bastante dotado para hacer oraciones de fe, pero quizá necesite cierta práctica en las oraciones de sumisión. Mi meta es ayudarle a aumentar su eficacia en cada uno de los distintos tipos de oraciones y enseñarle las reglas y los principios que las gobiernan a todas.

No suponga que es un experto

Permítame advertirle que no sea arrogante cuando cree que ha aprendido algo sobre la oración. Puede que no lo haya entendido exactamente bien. Esto me recuerda otra historia real del golf.

Mi instructor de golf, Mark, nos llevó a mi esposa Sonia y a mí al campo de práctica, donde practicábamos el *drive* con las bolas de golf. Yo tenía muchas ganas de aprender a tirar al hoyo, pero Mark me dijo que a menos que pudiera conducir la bola, el tirar al hoyo no sería importante. Durante varias semanas, practicamos el *drive*. Finalmente, Mark nos permitió tirar al hoyo.

"¿Cuándo vamos a ir al campo de golf para jugar?", le pregunté a Mark.

"Pronto".

Yo estaba comenzando a impacientarme y sentía que Mark estaba deteniendo nuestro progreso, así que le llamé y le dije: "Sé que no estamos preparados para hacer dieciocho hoyos, pero ¿hay algún partido más corto?".

"Bueno, están los 'últimos nueve'; podrían jugar solo la mitad de los hoyos".

"Muy bien, Mark", dije yo. "Siento que estamos preparados. Voy a llevar Sonia al campo de golf para jugar los últimos nueve".

"Si creen que están preparados, que se diviertan", dijo él, "y déjenme saber cómo les fue".

En el campo de golf, Sonia y yo rentamos un carrito, sacamos el mapa e intentamos encontrar dónde teníamos que estar.

Mirando por encima de mi hombro, Sonia preguntó: "Cariño, ¿dónde comenzamos?".

"Mm. Si queremos jugar los últimos nueve, supongo que tendremos que comenzar por el final". Señalé el mapa. "Aquí está el hoyo dieciocho. Supongo que golpeamos desde allí". Sin cuestionar mis "conocimientos", Sonia se metió en el carrito, y condujimos hasta el punto de salida del hoyo dieciocho.

Ahora bien, si es usted golfista sé que estará sintiendo vergüenza ajena. Estará pensando: *¿Es una broma? ¡No es así como se juegan los últimos nueve!*

Bueno, así es como nosotros los jugamos. ¡Y tomó mucho tiempo!

Siempre que al final terminábamos de jugar, sacábamos el mapa y localizábamos el punto de salida del hoyo anterior. Dieciocho... diecisiete... dieciséis... quince... catorce... trece... ya se hará una idea.

Finalmente, al estar ya cansado, hablé. "Sonia, esto está tomando más de lo que yo esperaba. Me parece que sería mucho más rápido jugar el siguiente hoyo en lugar de ir hacia atrás. No sé por qué inventaron los últimos nueve, pues toma más tiempo jugar de este modo que jugar los dieciocho hoyos". Sin embargo, conducíamos nuestro carrito pasando al lado de más de un golfista con expresión confusa, buscando el punto de salida del hoyo doce.

Al divisar a un golfista que iba solo en su carrito, nos acercamos y preguntamos: "¿Dónde está el hoyo doce?".

Él pareció perplejo. "¿De dónde vienen?".

"Ah, acabamos de terminar el trece. Ahora estamos buscando el doce".

Sus cejas se arquearon con confusión. "¿Por qué terminaron el hoyo trece y van hacia atrás?".

"Es fácil. Estamos jugando los últimos nueve".

"En ese momento el hombre miró alrededor, como si intentara divisar una cámara oculta. Debió de haber pensado que éramos parte de una broma elaborada. Entonces, al darse cuenta de que no era así, el hombre nos miró de nuevo, sonrió un poco y dijo, con el tono más amable: "Así no se juegan los últimos nueve".

"¿No?".

"No. Se empieza en el hoyo diez y se juega hacia adelante hasta el hoyo dieciocho".

¡Vaya!

Sonia me lanzó una de las miradas más feas que haya obtenido de parte de ella. Fue humillada a causa de su "experto" esposo y su decisión de jugar los últimos nueve: ¡hacia atrás! No es necesario decir que estábamos demasiado avergonzados para terminar el recorrido.

Esta historia pretende ilustrar lo que sucede cuando suponemos saber cómo hacer algo pero en realidad no lo sabemos. Con frecuencia, pensamos que sabemos cómo orar en cierta situación cuando, en realidad, aún necesitamos aprender. No quiero que se ponga usted mismo en ridículo al orar "hacia atrás".

Tres razones para orar

Hay tres razones para orar: (1) para cambiar *circunstancias*, (2) para cambiar a *otras personas*, y (3) para cambiarse *a uno mismo*. Al final, el propósito de toda oración es producir un cambio. De hecho, la oración ha fallado si no se produce ningún cambio en absoluto. Sin embargo, debe usted saber que ciertos tipos de oración funcionan mejor que otros en ciertas circunstancias. Está destinado a experimentar frustración si hace el tipo de oración que cambia circunstancias cuando su deseo es en realidad que otras personas cambien.

A continuación hay un sencillo diagrama de las tres razones para orar, junto con los correspondientes tipos de oración que mejor funcionan en cada categoría. Tenga en mente que algunos tipos de oración pueden funcionar bien en múltiples categorías, y que este diagrama que no debería ser tratado como una fórmula. Hay incluso algunas oraciones que son efectivas en múltiples categorías; por ejemplo, orar en el Espíritu, que también se denomina "orar en lenguas". Este tipo de oración es eficaz cuando usted está orando por otros, especialmente cuando no está seguro de la perfecta voluntad de Dios para esa persona. Mientras tanto, según el apóstol Pablo, al orar en el Espíritu usted mismo es edificado: *"El que habla en lenguas se edifica a sí mismo"* (1 Corintios 14:4). Orar en lenguas tiene un doble propósito de beneficiar a otros y a usted mismo.

Oraciones para cambiar circunstancias	Oraciones para cambiar a otras personas	Oraciones para cambiarse a usted mismo
Oración en el Espíritu (Efesios 6:18).	Oración en el Espíritu (Efesios 6:18).	La oración de sumisión (Mateo 26:39).
La oración de petición (Filipenses 4:6).	La oración de intercesión (1 Timoteo 2:1).	La oración de liberación (1 Pedro 5:7).
La oración de fe (Marcos 11:24).	La oración de acuerdo (Mateo 18:19).	La oración de alabanza (Hechos 13:2).
La oración de acuerdo (Mateo 18:19).	La oración de atar y desatar (Mateo 18:18).	La oración de acuerdo (Mateo 18:19).
La oración de atar y desatar (Mateo 18:18).		La oración de atar y desatar (Mateo 18:18).

Capítulo 11

Por qué algunas oraciones no son contestadas

La intención de las oraciones es recibir respuestas. En realidad no tiene ningún caso orar si Dios no va a respondernos. La Biblia nos da un registro de muchas oraciones, la mayoría de las cuales fueron contestadas. Hubo solo algunas excepciones. En los casos de oraciones no contestadas, con frecuencia el error estaba en las personas que oraban. Nunca hay que culpar a Dios por la oración no contestada. La Biblia no solo registra muchas ocasiones de oraciones contestadas, sino que las mismas Escrituras también prometen que Dios es fiel para contestar nuestras oraciones en la actualidad. Jesús dijo: *"Porque todo el que pide, recibe; el que busca, encuentra; y al que llama, se le abre"* (Mateo 7:8; Lucas 11:10). Sin embargo, tenemos que admitir que no todo el que ha pedido también ha recibido. Quizá pueda recordar algunas de sus propias oraciones que no fueron contestadas; por ejemplo, una oración por un familiar enfermo que finalmente murió, una oración por la restauración de un matrimonio que más adelante terminó en divorcio, o una oración por sabiduría con respecto a una situación en la cual su decisión resultó ser mala.

El punto que Jesús estaba estableciendo era que toda oración *correcta* tiene el potencial de ser contestada. Dios quiere que todo aquel que ora obtenga una respuesta. Sin embargo, muchas personas están inundadas de preguntas sobre por qué sus oraciones se quedan vacías.

Seis posibles razones para la oración no contestada

Hay seis razones básicas para que algunas oraciones no sean contestadas:

1. Dios puede que no quiera contestar la oración

Es así de sencillo. La tarea de usted es orar, pero es tarea de Dios contestar. Si una oración no es contestada, podría ser simplemente que Dios tenga una razón para no contestarla. Siempre hay una razón por la cual no es su voluntad contestar.

2. Oración inadecuada para una situación en particular

Es posible que usted hiciera una oración que no era adecuada para la necesidad. Por ejemplo, si pide algo del gobierno utilizando el documento equivocado, no se sorprenda si su petición no es atendida. No puede usted utilizar un documento de impuestos para pedir una audiencia en la corte. No puede utilizar una licencia de armas para obtener una licencia para conducir. Tiene que utilizar el documento adecuado antes de que el gobierno considere su petición, y más aún la otorgue. Del mismo modo, tiene usted que utilizar la oración correcta para la situación.

3. Orar las palabras equivocadas

Quizá usted dijo las palabras equivocadas, aunque su petición fuera legítima. Debe usar las palabras adecuadas delante de Dios si quiere que sus oraciones sean tomadas en serio. Dejarse algo fuera podría causar que sus oraciones regresen no contestadas, de la misma manera que no incluir la dirección del receptor en un sobre que usted intenta enviar por correo postal podría hacer que el servicio postal le devuelva esa carta con una marca que dice: "Devuelta al remitente". Incluso si usted usó los sellos correctos, debe escribir la dirección en el sobre si espera que llegue a su destino.

4. Motivos impuros del corazón

Su corazón puede que no haya tenido motivos puros, aunque utilizase usted las palabras correctas para la petición correcta. Contrariamente a la corte o la oficina postal, cuyo principal interés es que haya usted rellenado los documentos adecuados de la manera correcta, Dios conoce los motivos de su corazón cuando usted llega a su presencia para presentar sus peticiones.

5. Condiciones no cumplidas para la oración contestada

Puede que usted no haya cumplido una condición que Dios ha establecido para que su oración sea contestada. Dios no es un botones que atiende a cada una de sus peticiones. Él es el Dios del universo, el Juez de cielos y tierra. Él es su dueño. Por tanto, si Él requiere algo de usted antes de bendecirle, no hay razón alguna para seguir rogándole a menos que haya usted cumplido sus condiciones. Con frecuencia, somos nosotros quienes obstaculizamos que nuestras oraciones sean contestadas.

6. No pertenecer a la familia de Dios

No debería usted esperar que sus oraciones sean contestadas si no pertenece a la familia de Dios. El gobierno de los

Estados Unidos no está obligado a satisfacer las necesidades de los no residentes. Lo mismo es cierto con Dios. Dios requiere que lleguemos a ser sus hijos antes de que Él se comprometa a actuar como nuestro Padre y a satisfacer nuestras necesidades. Aunque Dios es bueno con todos, Él es especialmente bueno con aquellos que son sus hijos.

No hay necesidad de seguir estando inseguro de lo que se necesita para recibir respuestas a las oraciones. Examinemos a continuación algunos de los errores más comunes que las personas cometen cuando se acercan a Dios en oración. Después, en la parte III veremos los pasos concretos que los creyentes pueden dar para recibir respuestas a sus oraciones.

Capítulo 12

Errores comunes que cometen las personas al orar

Error 1: Confundir la oración de sumisión con la oración de fe

En el capítulo 10 hablé sobre cómo el Reverendo Hagin explicaba el error al aplicar las reglas de la oración de sumisión a la oración de fe. Veamos una vez más estos dos tipos de oración para estar seguros de entender cómo difieren.

Jesús hace una oración de sumisión

Sabiendo que la cruz estaba delante de Él, Jesús oró en el huerto de Getsemaní para que Dios quitase *"este trago amargo"* (véase Mateo 26:39, 42; Lucas 22:42). El pensamiento de la cruz era insoportable para manejarlo solo. Él pidió a tres de sus discípulos más cercanos que orasen con Él. Con su rostro postrado en tierra, Jesús agonizaba en oración; estaba en tal agonía que *"su sudor era como gotas de sangre que caían a tierra"* (Lucas 22:44). No fue suficiente para Él orar una vez; sentía la necesidad de orar una segunda vez por lo mismo. De nuevo, rogó al Padre que quitase la copa, pero también expresó su disposición a hacer cualquier cosa que fuera voluntad del Padre que Él hiciera. *"Padre mío, si no es posible evitar que yo beba este trago amargo, hágase tu voluntad"* (Mateo 26:42). Después de haber orado una tercera vez (véase el versículo 44), Él se sintió en paz. Se le apareció un ángel y le fortalecimos (véase Lucas 22:43). Finalmente, estuvo preparado para obedecer y morir en la cruz por nuestros pecados.

Si usted mide la eficacia de las oraciones de Jesús para que fuese quitada la copa por el resultado, entonces diría que fue un fracaso; Dios no quitó la copa, ¿verdad? Sin embargo, si considera que Jesús sin duda también estaba pidiendo la fuerza para obedecer a su Padre celestial, entonces puede decir que sus oraciones fueron contestadas. El propósito de sus oraciones no era el cambiar sus circunstancias sino cambiarse a Él mismo. Se sentía débil y con necesidad de fortaleza. Las oraciones de Jesús fueron contestadas en que Él recibió la fuerza y el poder que necesitaba. Como resultado, fue capaz de beber toda la copa de la ira de Dios y completar el acto de redención por nosotros.

Jesús hace una oración de fe

Contrastemos la oración anterior de sumisión con una oración de fe. Un día, Jesús reprendió a una higuera por no dar fruto (véase Marcos 11:12–14). Al día siguiente, los discípulos observaron que el árbol se había secado (véase Marcos 11:20–21). Sin inmutarse, Jesús dijo: *"Les aseguro que si alguno le dice a este monte: 'Quítate de ahí y tírate al mar', creyendo, sin abrigar la menor duda de que lo que dice sucederá, lo obtendrá"* (Marcos 11:23). Entonces, añadió esta sencilla verdad sobre la oración de fe: *"Por eso les digo: Crean que ya han recibido todo lo que estén pidiendo en oración, y lo obtendrán"* (Marcos 11:24). Notemos la confianza en este tipo de oración. Jesús les dijo a sus discípulos que considerasen hecha esa cosa, aunque no vieran ningún resultado inmediatamente después de orar. Al igual que no hubo ningún resultado inmediato después de que Jesús maldijera a la higuera, los resultados de sus oraciones de fe puede que tomen algún tiempo para manifestarse. No mire al "árbol"; solo entienda que la respuesta ha sido dada y se manifestará a su tiempo.

El propósito de la oración de fe es mover montañas; en otras palabras, derribar cualquier obstáculo que se interponga en el camino de la voluntad de Dios, ya sea enfermedad, falta de dinero, confusión u otra cosa. Si usted ora en fe, esa montaña se *moverá*: esa es la prueba del éxito de la oración. Repito: el propósito de la oración de fe es distinto al propósito de la oración de sumisión. Esta es una oración con intención de producir un cambio en las circunstancias.

En el huerto de Getsemaní, Jesús oró no una vez sino tres veces. Algunas personas invocan este hecho para apoyar la creencia de que cuando usted le pide a Dios que le sane, necesita seguir pidiendo una y otra vez, hasta que Él lo haga. Pero esa regla no se aplica a la oración de fe. Jesús dijo: *"Crean que ya han recibido"* (Marcos 11:24). Si usted cree que ha recibido lo que ha pedido, no necesita seguir pidiéndolo una y otra vez. Hacerlo revela una falta de fe.

Cuando Jesús reprendió a la higuera, lo hizo una sola vez, sin repetición alguna. Eso se debe a que era una oración de fe. Sin embargo, cuando oró en el huerto de Getsemaní, siguió orando hasta que fue fortalecido. Eso se debe a que era una oración de sumisión. Debería usted seguir orando cuando se encuentre en necesidad de fortaleza para vencer la debilidad y la tentación.

Error 2: Dudar de la voluntad de Dios

Como hemos visto, otro error que las personas cometen cuando oran es apropiarse mal de la frase: *"Pero no sea lo que yo quiero, sino lo que quieres tú*" (Mateo 26:39). Por ejemplo, un pastor podría orar: "Señor, ayuda a nuestra iglesia a crecer. Trae a más personas que necesiten ser salvas. Sin embargo, no sea lo que nosotros queremos, sino lo que quieres tú". ¿Qué pastor, en sus cabales, se pregunta si Dios desea que su iglesia crezca y atraer a más almas perdidas a Cristo? El éxito en el evangelismo es voluntad de Dios para todo pastor, iglesia y ministerio. Por tanto, en una oración de esta naturaleza no hay necesidad de utilizar la frase "pero no sea lo que yo quiero, sino lo que quieres tú".

Por otro lado, cuando Dios le llama a hacer algo con lo que usted no se siente cómodo, y sin embargo su deseo es obedecerle, haría bien en orar: "No se haga mi voluntad sino la tuya".

Error 3: Confundir la oración de petición con la oración de intercesión

Otro error común es confundir la oración de petición con la oración de intercesión. Tenemos estas instrucciones del apóstol Pablo: "*No se inquieten por nada; más bien, en toda ocasión, con oración y ruego, presenten sus peticiones a Dios y denle gracias*" (Filipenses 4:6). Si su petición es una petición personal, entonces su oración debería ser sencilla. Dios ha prometido satisfacer todas sus necesidades (véase Filipenses 4:19), y por tanto, si usted le pide algo, una petición es suficiente. Después de eso, ¡deje de preocuparse al respecto! No hay necesidad de seguir haciendo a Dios la misma petición.

Sin embargo, si usted está orando por otra persona, lo que también se conoce como "interceder", puede que necesite seguir orando por esa persona. La razón es sencilla: si la persona por la cual usted está orando no cree que ha recibido aquello por lo que usted ora, entonces las instrucciones dadas en Marcos 11:24, que se relacionan principalmente con oraciones por necesidades personales, no se aplican. En Marcos 11:24 Jesús dijo: *"Les digo, ustedes pueden orar por cualquier cosa y si creen que lo han recibido, será suyo"* (NTV). Jesús estaba hablando sobre oraciones por *"cualquier"* cosa que nosotros deseamos. No estaba hablando sobre oraciones por los deseos y necesidades de otros. Digamos que un amigo de usted está pensando en dejar a su esposa. Si esa es su intención, entonces él no va a orar por la fortaleza para permanecer con ella. Le corresponde a usted orar para que él vea el error en sus caminos y permanezca fiel a sus votos matrimoniales. Sin embargo, le corresponde a él creer que ha recibido esa fortaleza. Usted no puede hacer eso por él. Por tanto, necesita perseverar en oraciones de intercesión por esa persona, pidiendo a Dios que cambie su corazón hasta que eso suceda.

Cuando usted ore por otros, tenga en mente que ellos siguen teniendo libre albedrío. Sus oraciones puede que les muevan hacia una posición en la que tengan una oportunidad de decidir, por su propia voluntad, obedecer a Dios. Sin embargo, ninguna cantidad de oración puede obligar a esas personas a obedecer a Dios y caminar en su perfecta voluntad para sus vidas. Repito: por eso puede que usted necesite repetir sus oraciones intercesoras hasta que las personas por las cuales está orando experimenten un cambio.

Recordemos, por tanto, que las reglas de la oración intercesora son distintas a las que gobiernan las peticiones personales. Por ejemplo, en la intercesión de Pablo por los creyentes en la iglesia efesia, él dijo: *"Pido que el Dios de nuestro Señor Jesucristo, el Padre glorioso, les dé…"* (Efesios 1:17). Él seguía orando por ellos.

Las peticiones personales pueden recibir respuestas más rápidamente porque la persona que ora desea la respuesta; él o ella creen en fe para recibir la respuesta. Sin embargo, como hemos visto, con la oración intercesora, la persona por la que se ora puede que no desee el mismo resultado que la persona que está orando, y ciertamente puede que no tenga el mismo compromiso con Dios, si es que tiene alguno. Por tanto, no hay garantía alguna de recibir respuesta cuando usted ora por otros.

Si hubiera una garantía, entonces ¿por qué no la ofreció Pablo a los cónyuges de las personas no creyentes? En cambio, el dijo: *"¿Cómo sabes tú, mujer, si acaso salvarás a tu esposo? ¿O cómo sabes tú, hombre, si acaso salvarás a tu esposa?"* (1 Corintios 7:16). Repito: los no creyentes tienen libre albedrío y, por tanto, pueden escoger rechazar a Dios. No se desanime por esta afirmación, porque Pablo también prometió: *"Porque el esposo no creyente ha sido santificado por la unión con su esposa, y la esposa no creyente ha sido santificada por la unión con su esposo creyente"* (1 Corintios 7:14). Esto significa que su fe y sus oraciones pueden impulsar una obra en el corazón de una persona no creyente, ya sea un cónyuge, otro familiar o un amigo. Sin embargo, no hay garantía alguna, porque esa persona debe tomar una decisión personal a fin de ser salva.

Hay otra cosa que observar acerca de la oración de intercesión. Aunque es cierto que todos necesitamos que otros oren por nosotros, Dios espera de todos que maduremos hasta llegar al punto en que dependamos menos de las oraciones de los demás, porque hayamos aprendido a orar por nosotros mismos.

Cuando fuimos salvos por primera vez, durante nuestra "infancia" espiritual, la mayoría de nosotros dependíamos mucho de las oraciones de otras personas. Podría usted recordar con cuánta frecuencia buscaba las oraciones de su pastor. Probablemente pasaba al frente cada vez que él hacía un llamado para oración, y puede haber parecido que Dios respondía cada oración que se hacía por usted. Sin embargo, Dios espera que usted crezca y aprenda a depender de sus propias oraciones, al igual que una madre que alimenta a su hijo pequeño espera que crezca y algún día se alimente por sí mismo.

Puede usted descubrir que las oraciones de otros por usted comienzan a perder su eficacia a medida que usted madura en su caminar con Dios. Eso se debe a que Él quiere que usted desarrolle su propia vida de oración.

El afamado evangelista de oración y fundador de la Universidad Oral Roberts en una ocasión hizo una encuesta de las personas por las que él había orado. Los resultados de la encuesta mostraron que aquellos que no estaban familiarizados con él y con su ministerio de sanidad tenían más probabilidad de ser sanados que quienes habían sido criados en una iglesia que enseñaba la sanidad divina. Uno habría esperado lo contrario. Yo creo que la explicación es sencilla: "*A todo el que se le ha dado mucho, se le exigirá mucho*" (Lucas 12:48). Nosotros somos responsables de obedecer y caminar en los principios bíblicos que se nos han enseñado.

Recibí un mensaje de correo electrónico de un hombre de mediana edad que decía que no creía que Dios existía. Basaba esta conclusión en algo que había sucedido en los primeros tiempos de su caminar cristiano: él había orado para que su abuela fuese sanada, y sin embargo ella murió. Debido a que su oración no fue contestada, él llegó a la conclusión de que Dios no existe. En su razonamiento, este hombre cometió un grave error: supuso que la intercesión funciona del mismo modo que la petición personal.

No toda persona por la que yo oro recibe una respuesta, pero no permito que eso debilite mi fe en el poder de Dios para contestar la oración. Él *siempre* ha respondido mis peticiones personales, pero yo no tengo manera alguna de obligar a las personas por las cuales oro a creer que han recibido aquello por lo cual yo estoy intercediendo.

No es suficiente con que alguien consienta en que yo ore por esa persona. Si esa persona no cree juntamente conmigo, entonces sus dudas pueden anular el efecto de mis oraciones. He visto suceder esto muchas veces. Si aquellos por los cuales usted ora no ejercitan su propia fe, es probable que sus oraciones por ellos queden nulas y vacías.

Incluso oraciones de Jesús por sanidad quedaron anuladas cuando Él llegó a su ciudad natal, donde, *"por la incredulidad de ellos, no hizo allí muchos milagros"* (Mateo 13:58). Las dudas de otros pueden afectar a sus oraciones, y por eso necesita aumentar sus oraciones intercesoras hasta que la duda se haya desvanecido.

Error 4: Confundir la oración de liberación con la oración de atar y desatar

Las oraciones de liberación son parecidas a las oraciones de atar y desatar. Algunas personas incluso piensan que son la misma, pero no lo son. La oración de liberación fue mencionada en la Gran Comisión, cuando Jesús dijo: *"En mi nombre expulsarán demonios"* (Marcos 16:17). Si usted está verdaderamente poseído por un demonio, no puede expulsarlo de usted mismo; otra persona debe hacerlo por usted. La participación de otra persona por usted hace que las oraciones de liberación sean parecidas a las oraciones de intercesión.

Algunas personas pueden intentar conseguir que otra persona expulse un demonio de ellas, sin entender nunca que su problema no es la posesión demoniaca sino los pensamientos demoniacos. Estos dos problemas están totalmente separados, al igual que lo están los métodos de tratarlos. Si un demonio realmente habita en una persona, otra persona debe hacer una oración de liberación a fin de expulsarlo. No hay tal cosa como "autoliberación".

Yo recibo muchas cartas y correos electrónicos como el que recibí de Jeff, que quería saber cómo podía comprobar que había sido liberado de la posesión demoniaca. Le dijo que, durante los últimos diez años, había practicado la autoliberación. Al principio, alguien había orado por él y había expulsado demonios. Él se sintió bien durante algunos meses, y entonces, un molesto pensamiento llegó a su cabeza: *No eres realmente libre*. Por tanto, intentó expulsar a los demonios de él mismo. Comenzó a sentir ciertos demonios que obraban en el interior de su cuerpo. Escribió: "Algunas veces siento demonios en mis manos; otras veces, los siento en mi garganta. Van recorriendo mi cuerpo".

El problema era que Jeff estado utilizando la oración equivocada para su situación. Jeff no sufría posesión demoniaca sino pensamientos demoniacos. Dios comenzó a mostrarme cómo obra el diablo mediante la posesión demoniaca y los pensamientos demoniacos. Entendí que aunque las oraciones de liberación eran eficaces para la posesión demoniaca, la expulsión de los pensamientos demoniacos requiere una oración de atar y desatar.

La oración de atar y desatar es más similar a las peticiones personales en cuanto a que usted ora por usted mismo. Jesús dijo: *"Les aseguro que todo lo que ustedes aten en la tierra quedará atado en el cielo, y todo lo que desaten en la tierra quedará desatado en el cielo"* (Mateo 18:18). Usted tiene la capacidad de atar al diablo y desatar ángeles en su propia vida.

En el reino de Dios hay una continua batalla entre Dios y Satanás, entre ángeles y demonios. Jesús lo explicó de la siguiente manera:

> *El reino de los cielos es como un hombre que sembró buena semilla en su campo. Pero mientras todos dormían, llegó su enemigo y sembró mala hierba entre el trigo, y se fue. Cuando brotó el trigo y se formó la espiga, apareció también la mala hierba.* (Mateo 13:24–26)

Dios y Satanás igualmente siembran semillas: Dios siembra su Palabra, y Satanás siembra su "palabra": engaño y falsedad. El *"campo"* del que Jesús habló es su corazón. Dios obra en cambiar su vida sembrando su Palabra en su corazón, y el resultado es que usted produce fruto espiritual. Mientras tanto, en sus esfuerzos por ahogar el crecimiento del fruto espiritual en su vida, Satanás siembra su palabra, sus mentiras y falsedades, en su corazón en un esfuerzo por hacer crecer allí malas hierbas. Esas malas hierbas, si se dejan, ahogarán la Palabra de Dios y le robarán una cosecha de fruto espiritual.

Dios me dio una revelación basada en el pasaje anterior. El enemigo, después de sembrar malas hierbas, *"se fue"*. Ni siquiera se quedó para ver crecer las malas hierbas. Se fue. Dios me habló y dijo: *Tom, a veces mi pueblo cree que el diablo está personalmente con ellos en forma de demonios. La mayor parte del tiempo el diablo no está ahí, pero sus malas hierbas siguen creciendo, haciendo creer a mis hijos que tienen un demonio.*

¡Vaya! Yo estaba comenzando a entender el modo en que los demonios trabajan. En algunos casos, hay demonios que realmente habitan en personas, y la única solución es la liberación mediante una oración de liberación. Alguien que conozca su autoridad en Cristo puede expulsar demonios de otras personas. Sin embargo, si el problema no es la presencia de un demonio sino más bien de un pensamiento demoniaco, y si la persona no entiende esto, puede que pase por cientos de sesiones de liberación y nunca se sienta libre. Repito: la razón es que aunque una persona poseída por un demonio requiere que otra persona expulse a sus demonios, alguien que sufra pensamientos demoniacos es la única persona que puede expulsar esos pensamientos. Personas como Jeff no necesitan liberación; necesitan arrancar las semillas sembradas en sus mentes por el diablo.

Es entonces cuando llega el momento de una oración de atar y desatar. Usted ata al diablo destruyendo los *"argumentos"* (2 Corintios 10:5) con los que le engañó para que los aceptase como reales. Usted necesita utilizar su autoridad y atar al diablo declarando la Palabra de Dios.

Jesús no tenía un demonio cuando fue tentado en el desierto; pero el diablo intentó plantar pensamientos en su mente, los cuales Él negó. Como hemos visto, Él ató a Satanás de dos maneras. En primer lugar, declaró la Escritura, diciendo varias veces: "Escrito está…" (véase, por ejemplo, Mateo 4:4, 7, 10). Usted no gana la batalla por su mente dando vueltas a los pensamientos que el diablo ha plantado allí. La gana declarando la Palabra de Dios. En segundo lugar, Jesús dijo: "*¡Vete, Satanás!*" (Mateo 4:10). Este no fue un ejemplo de autoliberación. Jesús estaba tomando su autoridad y alejando el diablo de Él.

Podría usted decir: "Yo intenté hacer eso, pero el diablo no se fue". Si ese es el caso, debió de ser que usted continuó pensando los pensamientos que el diablo plantó en su mente. Si hubiera ignorado esos pensamientos, o mejor aún, los hubiera expulsado, entonces el diablo no se las podría haber arreglado para quedarse con usted, en su cabeza. Usted le dio permiso para quedarse porque no creyó la Palabra de Dios.

No discuta e insista: "Pero yo *sí* creo la Palabra de Dios." No, no la cree. Si el diablo sigue jugando con su mente, entonces usted le ha dado el derecho a hacerlo, mediante sus pensamientos equivocados.

La solución no es que otra persona ore por usted. La solución es atar al diablo librando su mente de sus pensamientos. Y usted hace eso mediante una oración de atar y desatar.

Anna descubre el poder de atar y desatar

Era una oración de atar y desatar la que Anna necesitaba declarar. Ella había viajado desde Canadá para visitar mi iglesia en Texas. Al haberme visto en televisión y oír sobre mi ministerio de liberación, ella creía que si alguien podía liberarla de sus demonios, yo podría hacerlo.

La conocí por primera vez durante nuestro servicio del domingo en la mañana. Su acento italiano era inconfundible. Ella tenía unos sesenta años, pero se veía joven para su edad. Su personalidad era totalmente dulce. Le gustó el servicio y preguntó si podía reunirse conmigo el lunes en la mañana. Yo estuve de acuerdo.

El lunes, ella llegó a mi oficina acompañada por su hija. Anna explicó que había sufrido posesión demoniaca por muchos años. Dijo que incluso oía voces.

Después de escuchar su historia, yo le dije: "Anna, ¿qué cosas malvadas le impulsan a hacer los demonios?".

Ella quedó perpleja. "¿Qué quiere decir?".

"¿Le hacen cometer adulterio?".

Ella dijo: "Oh, no, nunca he cometido adulterio contra mi esposo".

"Muy bien, ¿le hacen emborracharse?".

"No, no bebo".

"Bien, entonces ¿qué cosas malvadas o impuras le impulsan a hacer los demonios en su interior?".

Ella no pudo pensar en nada malo que hubiera estado haciendo.

Entonces habló su hija. "Pastor, mi madre es la persona más dulce que conozco. Es la persona más piadosa que conozco; ella no hace nada equivocado. Es una santa. Y Dios sabe que tiene motivos para estar amargada hacia mi padre, pero siempre le trata con respeto y es amable con todo el mundo".

Yo sonreí. "Usted ha confirmado mis palabras. Mire, desde la primera vez que me encontré con Anna, supe que no tenía un demonio". Miré a Anna y le dije: "Hermana, si un demonio en realidad estuviera en su interior, entonces el demonio le impulsaría a hacer cosas malas. El hecho de que usted viva una vida santa es prueba de que no tiene ningún demonio. Lo que sí tiene es un pensamiento demoniaco que le ha condenado. El demonio le ha dicho por mucho tiempo que usted es pecadora y mala, y usted ha estado creyendo sus mentiras. Siente que no ha sido perdonada, y por eso el diablo se aprovecha de su culpabilidad. Por eso usted oye voces. Necesita detener al diablo declarando escrituras positivas sobre el amor de Dios por usted".

Le enseñé cómo destruir argumentos, e hice una poderosa oración por ella. Pero no oré para expulsar ningún demonio, especialmente porque hacer eso solamente habría reforzado su creencia en que estaba poseída por un demonio.

Anna quedó agradablemente sorprendida al saber que no estaba poseída por ningún demonio. Dijo: "Pastor, todo ministro que ha orado por mí siempre ha intentado expulsar demonios de mí, pero nada ha funcionado nunca. Usted es el primer ministro que me ha dicho que no necesito liberación sino que simplemente necesitaba detener las mentiras en mi mente. Estoy muy agradecida porque usted me ha liberado con la verdad".

Un mes después, recibí un correo electrónico de Anna, diciendo: "Pastor, ya no oigo las voces. A veces batallo un poco, pero no como antes. Gracias por mostrarme cómo ser libre".

Muchos creyentes están batallando como lo estaba Anna, intentando siempre que otros oren por su liberación de demonios, cuando lo que en realidad necesitan es hacer una oración de atar y desatar.

Parte III

Pasos para la oración contestada

Capítulo 13

Paso uno:
Pensar a lo grande con Dios

Padre nuestro que estás en el cielo....
—Mateo 6:9

La primera verdad que Jesús enseñó sobre la oración es que oramos a un Dios que habita en el cielo, no en la tierra. Esto no significa que Dios esté muy lejos de nosotros, sino que está *por encima de* nosotros. Él es trascendente. *Trascendente* es una gran palabra teológica que sencillamente significa que Dios está por encima de las limitaciones de este mundo. Él creó la tierra, pero no está atado por sus leyes y reglas. Él puede hacer más de lo que las leyes naturales permiten.

La ley de la gravedad no permite que un cuerpo de agua se separe formando dos paredes, pero Dios logró precisamente eso en el mar Rojo debido a la fe de Moisés (véase Éxodo 14:21–22). La ley de la rotación no permite que el sol se detenga en un lugar, pero Dios hizo eso a petición de Josué (véase Josué 10:12–13). La ley del tiempo de la siembra y la cosecha no permite que el agua se convierta en vino, pero Jesús realizó este acto en una boda a petición de su madre, María (véase Juan 2:1–11). El comienzo de la oración es reconocer que usted no está orando a un Dios de esta tierra sino a su Padre que está en el cielo, que es mayor que cualquier ley terrenal. Para decirlo con sencillez, no hay límite alguno a lo que la oración puede hacer. Usted no ora meramente por lo que es *posible* sino por lo que es *imposible*.

"Al que puede hacer muchísimo más que todo lo que podamos imaginarnos o pedir, por el poder que obra eficazmente en nosotros" (Efesios 3:20). Este pasaje ha sido mal interpretado para querer decir que cuando usted ora por algo, Dios le dará algo muy por encima de lo que usted pidió o imaginó. Eso suena bien, pero el apóstol Pablo solamente está afirmando lo obvio: que Dios es mayor que cualquier cosa que pudiera usted imaginar que Él le dé. No es que Dios le dará más, sino más bien que Él puede darle más. Sin embargo, Él le dará lo que usted pida.

"Pidan, y se les dará" (Lucas 11:9). Si no pide, no recibirá. Esto significa que nosotros somos quienes limitamos las bendiciones que Dios otorgará. El salmista confirmó esta verdad: *"Y volvían, y tentaban a Dios, y ponían límite al Santo de Israel"* (Salmos 78:41, RVA). Aunque los israelitas habían recibido seguridad de parte de Dios de que entrarían en la Tierra Prometida, no la poseyeron de inmediato. De hecho, la primera generación no entró en la Tierra Prometida *"por causa de su incredulidad"* (Hebreos 3:19). A los israelitas les tomó cuarenta años entender finalmente su potencial y entrar en la promesa de Dios. Al igual que los israelitas, nosotros con frecuencia renunciamos a las bendiciones de Dios debido a nuestra propia incredulidad.

No debería sorprendernos que limitemos la respuesta de Dios a nuestras oraciones. Recuerde que cuando Jesús intentó sanar a las personas en su ciudad natal, la Escritura nos dice que *"por la incredulidad de ellos, no hizo allí muchos milagros"* (Mateo 13:58). Las personas de Nazaret limitaron el poder de Cristo, y nosotros con frecuencia hacemos lo mismo cuando oramos.

Desatar su imaginación

Una pareja estaba realizando un recorrido de las residencias más hermosas en Nantucket. Cuando el autobús se detuvo en la mansión más grande de la zona, la pareja bajó del autobús y comenzó a tomar fotografías de la hermosa casa. Cuando tomaron algunas fotografías, el esposo se giró a su esposa y dijo: "No puedo imaginarme vivir en una casa como esta". Justamente entonces, el Espíritu Santo habló a su corazón diciendo: *Entonces, nunca vivirás en una casa como esta.*

El hombre se preguntó: *¿Qué quieres decir?*

Entonces, sintió la respuesta de Dios: *Si no puedes imaginarlo, no puedes tenerlo.*

El hombre se arrepintió y entonces le dijo a su esposa: "*Puedo* imaginarme que Dios nos dé una casa como esta. ¡Él es un Dios grande!".

Este hombre había entendido el primer paso para recibir toda la bendición de Dios: pensar a lo grande. Necesita usted extender su visión de Dios y verle mayor que cualquier cosa que a usted le falte.

Usted marca las fronteras

Dios habló a Abram diciendo: "*Levanta la vista desde el lugar donde éstas, y mira hacia el norte y hacia el sur, hacia el este y hacia el oeste. Yo te daré a ti y a tu descendencia, para siempre, toda la tierra que abarca tu mirada*" (Génesis 13:14–15). Dios prometió darle a Abram todo lo que él pudiera "ver". Si él no podía verlo, entonces no sería suyo. En otras palabras, Abram determinó las fronteras de la tierra que poseería. Cualquier cosa que él viera, podría tenerla.

Dios también alentó a Abram a no limitar su posesión al quedarse quieto. Dios le desafió: *"¡Ve y recorre el país a lo largo y a lo ancho, porque a ti te lo daré!"* (Génesis 13:17). Dios estaba alentando a Abram a aumentar su visión.

Al igual que Abram, usted necesita pensar más grande. No se limite a quedarse donde está; vaya más allá de donde sus pies estén plantados y camine por la tierra para ver más de su propiedad. Abram era un supervisor, situando estacas en su posesión con sus ojos. Usted puede hacer lo mismo. Cualquier cosa que pueda imaginar, esa es su frontera. Esa es su posesión.

Jesús dijo: *"La lámpara del cuerpo es el ojo; así que si tu ojo es bueno, todo tu cuerpo estará lleno de luz"* (Mateo 6:22, RVR). En esencia, los ojos de la mente y del corazón, la imaginación, son la luz del cuerpo. Lo que usted ve le mueve. Lo que usted ve le inspira. Si ve carencia y problemas, entonces los ojos están oscurecidos, y usted no puede imaginar nada bueno. Pero si enciende la luz que hay en su interior y comienza a ver éxito, entonces puede apropiárselo.

Todo es creado dos veces: primero en su mente y después en el mundo. La primera creación es primaria. Nada llega a ser nunca a menos que antes sea creado en la mente. Dios primero pensó en la creación y después pasó a trabajar para crearlo. Si usted no puede ver las bendiciones en su mente, no podrá verlas en su mundo.

"Yo había recorrido esa pasarela mil veces antes"

Como muchas niñas, Tara Dawn Holland veía el concurso de Miss America con devoción. Cuando era niña, fingía ser Miss America atándose una toalla de playa alrededor de su cuerpo y recorriendo los pasillos de su casa. Cuando estaba en séptimo grado, asistió a un concierto de la anterior Miss America, Cheryl Pruitt. Cheryl escribió un autógrafo en un ejemplar de su biografía para Tara.

En la escuela, la maestra de Tara pidió a los alumnos que leyeran una biografía e hicieran una presentación oral de ella. Naturalmente, Tara escogió la biografía de Cheryl Pruitt. El día de su presentación, se puso delante de su clase vestida como el sujeto de su presentación, llevando una banda de Miss America y una corona que había hecho con cartón, cubierta de papel de aluminio y con brillantina. Se dirigió a sus compañeros de clase orgullosamente, diciendo: "Buenos días, soy miss America". Esa era su visión y su pasión.

Más adelante, Tara compitió dos veces en el desfile de Miss Florida, quedando en segundo lugar en ambas ocasiones. Esperando que un nuevo lugar marcarse la diferencia, se mudó a Kansas, entró en la competición allí, ¡y ganó! Más adelante aquel año, Tara Dawn Holland fue coronada Miss America. Ella caminó por la pasarela con confianza. Después, un reportero le preguntó si había estado nerviosa, y ella respondió: "No, porque había recorrido esa pasarela mil veces antes". Desde luego, se estaba refiriendo a las incontables veces en que había soñado con llegar a ser Miss América mientras recorría los pasillos de su casa.

Al igual que Tara, también yo tenía un sueño. Me imaginaba a mí mismo no como Mister Universo, sino como un apóstol de milagros. Muchas veces realizaba grandes cruzadas de milagros, en la intimidad de mi propio dormitorio, donde la audiencia estaba formada por algunos muñecos de acción que había guardado de mi niñez. Recuerdo predicar y llamar a las multitudes a pasar adelante para recibir oración. Me veía a mí mismo imponiendo manos sobre los enfermos y oyendo sus testimonios de sanidades. Me veía necio, no hay duda, pero ese era mi sueño. Yo lo veía. ¡Era mi llamado!

Actualmente, cuando las personas ven los resultados del ministerio de milagros: ojos ciegos que se abren, cojos que saltan de gozo, demonios que son expulsados, con frecuencia se preguntan cómo parezco dirigir esos servicios con gran facilidad. Mi respuesta es parecida a la de Tara. Me he visto a mí mismo haciendo eso miles de veces antes.

¿Qué puede verse a usted mismo hacer? ¿Qué ve que usted mismo tiene? ¿En quién se ve a usted mismo convertirse?

Lo que usted ve es su frontera; es lo que tendrá.

"Poner la mesa" para cualquier cosa por la que esté orando

Gavin MacLeod es famoso por sus papeles en televisión como Murray Slaughter en *The Mary Tyler Moore Show* y el capitán Merrill Stubing en *The Love Boat*. Durante los años en que se filmaba *The Love Boat*, Gavin abandonó y después se divorció de su esposa, Patti. Se enamoró de la líder de una secta y se unió a su movimiento. Patti, por otro lado, conoció a Cristo. En una reunión de oración en Hollywood, ella aprendió cómo orar exitosamente. Aprendió a creer a Dios por lo imposible. Comenzó a orar por la salvación de Gavin y por la restauración de su matrimonio.

Gavin comenzó a sentir remordimientos por lo que había hecho. Un día, apareció en la casa de Patti. Cuando ella le permitió entrar, él quedó sorprendido al ver dos platos para la cena sobre la mesa. Se preguntó si ella esperaba a alguien. Ella le dijo: "Sí, te esperaba a ti, Gavin". Ella nunca soltó su esperanza de un milagro. En los ojos de su mente, veía el día en que Gavin regresaría a casa. Ella puso en práctica su fe poniendo siempre un plato para él en la mesa.

Gavin y Patti desde entonces volvieron a casarse y han servido al Señor juntos por muchos años.

Quitar los límites de su pensamiento

Quizá usted me diría: "Pastor, yo simplemente no tengo mucha fe".

No es la cantidad de fe, sino el modo en que usted use la pequeña fe que tenga, lo que importa. Jesús dijo que una cantidad de fe del tamaño de una semilla de mostaza podía mover montañas (véase Mateo 17:20; Lucas 17:6). Por tanto, repito: no es cuánto tenga usted sino lo que haga con eso lo que cuenta. Necesita aprender a pensar en grande, incluso en circunstancias aparentemente limitadas.

Yo me crié en un hogar relativamente modesto, y usted podría incluso haber considerado a mi familia pobre. Cuando Dios me llamó al ministerio, yo no esperaba que llegase mucho dinero a mi camino. Por tanto, cuando le propuse matrimonio a mi esposa, Sonia, también le hice un chequeo de realidad. En lugar de prometerle la luna y las estrellas, proyecté un futuro de sacrificio. Dije: "Antes de que estés de acuerdo en casarte conmigo, debes entender que si Dios me llama ir a África, puede que no tuviéramos el lugar más limpio en el que vivir. Si Él me llama la India, podríamos vivir en regiones infestadas de cucarachas".

Ella respondió: "No me importa. Te quiero, e iré donde vayas. Si tengo que comprar litros de lejía y limpiar las casas en las que vivamos, lo haré".

Nos casamos el 13 de agosto de 1983 en Fort Worth, Texas. Al día siguiente partimos para El Paso para buscar un apartamento. (Habíamos decidido que sería más divertido esperar hasta después de la ceremonia de boda para encontrar un lugar donde vivir).

Llevé a Sonia a la "parte mala" de El Paso, donde era más barato vivir. En primer lugar que vimos era un deteriorado apartamento del ladrillo rojo y dos pisos. El dueño se parecía a un viejo oso. Estaba fumando un puro, y su camiseta blanca manchada era tan pequeña que dejaba ver su ombligo. Con voz áspera, gruñó: "¿Qué quieren?".

"Vimos un anuncio de un apartamento", respondí yo.

Molesto, dijo: "Síganme".

Nos llevó al segundo piso y abrió una puerta de madera que chirriaba. "Aquí está", dijo con toda naturalidad.

El mohoso apartamento consistía en una única habitación que estaba pensada para funcionar como sala, dormitorio y cocina, si la estufa portátil que había sobre la encimera se calificaba como instrumento para cocinar.

El terror comenzó a descender sobre mi nueva esposa. "Sigamos buscando", dijo ella.

Después, la llevé bajo la autopista hasta un viejo y casi abandonado complejo de apartamentos. Los miles de autos que pasaban por encima hacían un ruido ensordecedor. Una vez más, ella dijo: "Sigamos buscando". Nuestra "divertida" búsqueda se estaba convirtiendo en una tortuosa búsqueda. Sonia no estaba contenta con nada de lo que veíamos.

Después de haber visto varios apartamentos más que eran penosos, ella dijo: "¡Tom, Dios es mayor que esto!".

Yo estuve de acuerdo, pero no podía evitar pensar: *¡Pero mi cartera no lo es!*

Cuando Sonia le habló a mi madre de todos los lugares que habíamos visto, mi madre me reprendió y dijo: "Tom, no puedes llevar a Sonia a esos lugares. Son peligrosos. Tienes que mirar en la parte bonita de la ciudad".

Al día siguiente, a pesar de mi renuencia, llevé a Sonia a la parte de la ciudad más acomodada. El primer apartamento que vimos estaba limpio y amueblado, con una cómoda sala, una cocina separada, un espacioso dormitorio y un cuarto de baño impecable. Inmediatamente, ella dijo: "¡Lo tomaremos!".

Yo quería decir: "Un momento. ¿Cuánto cuesta?". En cambio, estuvimos de acuerdo e hicimos un depósito.

Yo no sabía cómo íbamos a pagar el apartamento. No tenía una gran fe. Mi fe no era mayor que una diminuta semilla de mostaza. Sin embargo, las semillas de mostaza crecen para llegar a convertirse en grandes árboles. Por tanto, planté mis semillas de fe en oración y decidí confiar en que Dios nos ayudase a pagar el apartamento. Y Él lo hizo. Ni una sola vez nos retrasamos en nuestros pagos. Dios fue fiel para suplir todas nuestras necesidades.

Puede que usted sienta tantas dudas como yo acerca de dar un paso de fe; no tiene que haber recibido un don de fe especial a fin de que sucedan los milagros en su vida. Sencillamente necesita plantar una semilla de fe y después esperar a que crezca. Quizá haya decidido escribir un libro cuando nadie quiere publicarlo. Quizá haya comenzado una iglesia cuando hay pocas personas que expresan interés en asistir. Quizá haya grabado un álbum de música cuando no hay ninguna audiencia ansiosa por comprarlo. Quizá haya comenzado un negocio con poco capital. Los pasos de fe como esos demuestran su fe en un Dios grande.

Necesita usted salir de su mentalidad de "apenas me las arreglo". Piense en grande. Piense en aumento. Piense en abundancia. Piense en más que suficiente. Piense en una vida al máximo.

Imagine el cumplimiento de sus oraciones

Hay una vieja historia sobre el golfista profesional de los Estados Unidos a quien invitaron a jugar al golf con el rey de Arabia durante una semana completa. El rey le alojó en un hermoso lugar de vacaciones con un mayordomo a su servicio a tiempo completo. Cada necesidad del golfista era satisfecha. Cuando terminó la semana, el rey le dijo que era costumbre en su país hacer un regalo a sus invitados.

El golfista quedó tocado pero respondió: "Su Majestad, estoy honrado solamente con estar invitado. No es necesario darme nada".

El rey insistió: "Quedaría muy ofendido si usted no me permitiera hacerle un regalo".

Al pensarlo, el golfista dijo: "Bueno, un buen palo de golf estaría bien".

Poco después de regresar a los Estados Unidos, el golfista recibió un paquete en el correo del rey de Arabia. El paquete era tan pequeño y ligero, que él dudó que contuviera un palo de golf. Cuando abrió el paquete, descubrió varios documentos legales. Eran las escrituras de un "palo de golf" de quinientos acres. (*Nota del traductor:* En inglés, el palo de golf se denomina *club*, razón por la cual el rey entendió que se refería a un "club" de golf.).

Aunque esta historia es una leyenda, contiene una gran verdad. Al igual que el rey de Arabia pensó más grande que el golfista, así también Dios piensa más grande que nosotros. Él quiere hacer mucho más por nosotros de lo que nos atrevemos a soñar, ¡necesitamos dejar de limitarle y permitirle que haga milagros en nuestras vidas!

El primer paso hacia que sus oraciones sean contestadas es imaginar su cumplimiento.

Dios no le echa fuera

Jerry había perdido casi todo. El gobierno le había obligado a cerrar su negocio y declararse en bancarrota. Su esposa y él vendieron su casa y se mudaron con unos amigos. Estaban deprimidos, y no podían ver cómo Dios podría intervenir en sus vidas. Yo le di a Jerry una profecía: "Dios no está enojado con usted. No le está echando fuera. Dios va a darle la vuelta a todo en su vida".

Con lágrimas cayendo por su cara, Jerry puso la pequeña fe que tenía en las manos de Dios y pidió su bendición. Dios le dio una oportunidad de negocio, pero Jerry no tenía dinero alguno que invertir. Después de agotar todos los recursos en que pudo pensar, finalmente se las arregló para poder reunir un depósito. El nuevo negocio despegó. Era como si Jerry hubiera sido hecho para esa nueva aventura. Con los ingresos que el nuevo negocio producía, Jerry y su esposa pudieron comprar una hermosa casa, mucho más bonita que su anterior morada, cerca de la iglesia.

Jerry es un gran ejemplo de qué hacer cuando uno está abajo en el departamento de la fe. Cuando los tiempos son difíciles, levántese y recuerde que tiene un Padre celestial que es más que suficiente. Él no ha terminado con usted. Él no le echa fuera. No importa cuáles sean sus circunstancias, necesita imaginar que Dios interviene por usted.

+ Puede haber estado enfermo por mucho tiempo, pero imagine vivir sin dolor.

+ Puede que haya tenido problemas matrimoniales por años, pero imagine estar felizmente casado.

+ Puede que su iglesia se haya estancado durante la última década, pero imagine que comienza un avivamiento allí y atrae a cientos de nuevos creyentes al reino.

♦ Puede que su negocio haya perdido clientes en la última recesión, pero imagine recuperarlos, junto con muchos más nuevos clientes.

♦ Puede que sus hijos se hayan vuelto "pródigos" por mucho tiempo, pero imagínelos regresando al Señor y sirviéndole fielmente.

♦ Puede que haya batallado económicamente durante toda su vida, pero imagine tener suficiente dinero para satisfacer e incluso sobrepasar cada necesidad.

Amigo, el primer paso es rechazar el desaliento y comenzar a imaginar las maneras en que Dios va a proveerle una vida abundante (véase Juan 10:10). Él está tan cerca como su oración. ¿Qué puede imaginar que Dios hace por usted? ¡Pídaselo!

Capítulo 14

Paso dos: Depender de los méritos de Cristo

Santificado sea tu nombre.
—Mateo 6:9

En estas cuatro famosas palabras está oculto el secreto de la oración contestada: solamente Dios es santo; por tanto, la oración contestada se basa en su santidad y no en la nuestra. Jesús enfatizó este punto cuando les dijo a sus discípulos: *"Ciertamente les aseguro que mi Padre les dará todo lo que le pidan en mi nombre. Hasta ahora han pedido nada en mi nombre. Pida y recibirán, para que su alegría sea completa"* (Juan 16:23–24). La oración está dirigida a Dios Padre, siempre en el nombre de Jesús.

La razón de que utilicemos el nombre de Jesús se debe a su papel como el único *"mediador entre Dios y los hombres"* (1 Timoteo 2:5). Necesitamos un mediador porque somos indignos de acercarnos a Dios por nuestros propios méritos. No podemos esperar recibir respuestas a las oraciones porque creamos que hemos sido "santos" o "buenos". Desde luego, deberíamos intentar vivir vidas que sean santas y buenas, pero nuestra confianza en nuestras oraciones se basa únicamente en que Cristo es santo en nuestro lugar.

Hace años trabajé en una pizzería. Un día, estaba reponiendo la barra de ensaladas junto con una empleada llamada Dixie cuanto ella comenzó a frotarse su pierna. Se quejó: "Tom, me duelen mucho las piernas". Sin vacilar, yo impuse manos sobre su pierna y dije: "En el nombre de Jesús, sé sana". Entonces me alejé.

Más adelante, ella se acercó a mí y dijo: "Tom, algo extraño sucedió cuando oraste por mí. Mi pierna se quedó paralizada en el aire. ¿Qué fue eso?".

Yo respondí: "¿Cómo está tu pierna?".

"Oh, ya no tengo dolor".

"Lo que sentiste fue el poder de Dios".

Entonces, ella me dijo que había orado con frecuencia. "Yo creo en la oración", insistió. "Oro cada día".

Yo le dije: "Dixie, dame un ejemplo de cómo oras".

Ella dijo: "Bueno, digo algo como: 'Dios, ¿podrías ayudarme con la escuela?', o cualquier cosa en la que necesite que Él me ayude".

"¿Alguna vez dices: 'En el nombre de Jesús'?".

"No, creo que no".

"Bien, Dixie, no me gusta decir esto, pero Dios, no va a responder tus oraciones".

Ella se quedó sorprendida. No podía creer que yo le dijera algo como eso. Le expliqué que somos impíos y pecadores desde el nacimiento y, por tanto, no podemos acercarnos a Dios sin un mediador. Después de haberle dado toda una explicación, ella estuvo de acuerdo en que necesitaba orar en el nombre de Jesús.

Repito: la frase "en el nombre de Jesús" no es un encanto mágico ni un código secreto, su intención es demostrar nuestra necesidad de un mediador: Alguien que esté en nuestro lugar y nos represente delante de Dios. La afirmación de Jesús a este efecto es incluso más gráfica en la *Nueva Traducción Viviente*: "*Le pedirán directamente al Padre, y él les concederá la petición, porque piden en mi nombre*" (Juan 16:23). Aquí, encontramos una razón de que Dios le dé lo que usted pide: porque usted utiliza el nombre de su Hijo Jesús.

Utilizar el nombre de Jesús

¿Qué significa utilizar el nombre de Jesús? Jesús explicó: "*En aquel día pedirán en mi nombre*" (Juan 16:26). La imagen que Él utilizó aquí es de alguien que rellena un cheque dirigido a usted y le dice que ponga cualquier cantidad y después la cobre.

¿Qué cantidad escribe usted? ¿Está limitado por la cantidad que haya su cuenta personal? No, porque el cheque que usted va a cobrar no lleva su firma, ¡ni tampoco va a ser cargado en su cuenta! El único límite es la cantidad de riqueza que pertenezca a la persona que firmó el cheque.

Confianza en la dignidad de Jesús

El gran autor cristiano E. W. Kenyon estaba dando un discurso sobre el nombre de Jesús cuando un abogado le interrumpió. "Disculpe, hermano Kenyon", dijo el hombre. "Soy abogado, y basándome en lo que usted está diciendo, ¿nos ha dado Jesús poderes notariales?".

Kenyon nunca había pensado en ello de esa manera. "Usted es abogado; yo soy solo un ministro", respondió. "Dígame su opinión: ¿nos ha dado Jesús poderes notariales?".

El abogado repasó una vez más los versículos, y entonces dijo: "Bien, si las palabras significan algo, entonces Jesús sin duda nos dio poderes notariales".

"¿Qué significa eso?", preguntó Kenyon.

"Todo depende de lo rica que sea la persona que dio los poderes notariales. Solo se puede actuar en su lugar utilizando su riqueza. Si el hombre es rico, entonces se pueden cobrar muchos cheques".

En ese punto, Kenyon lo entendió: el secreto de la oración contestada se encuentra en depender de la riqueza y la dignidad de Cristo.

Esta revelación es totalmente esencial de entender si queremos tener confianza en la oración, porque el enemigo intentará atacarnos con sentimientos de indignidad. Dirá cosas como: "¿Cómo puedes esperar que Dios escuche tus oraciones cuando fumas (o bebes, o maldices, o tienes malos pensamientos)?". Él intentará conseguir que usted dependa de su propio nombre, que no tiene mérito alguno, a fin de obstaculizar sus oraciones. ¡No caiga en sus maquinaciones! Dependa del buen nombre de Cristo y su vasta dignidad.

Descanse en la justicia de Jesús

También puede suceder el problema contrario. A veces, una persona se siente digna de obtener respuestas a sus oraciones porque paga sus diezmos, ayuda a otros y es un cónyuge fiel. Debido a sus "buenas obras", espera por completo que Dios responda sus oraciones.

Este tipo de pensamiento es absurdo, tal como Jesús ilustró en esta parábola:

Dos hombres subieron al templo a orar; uno era fariseo, y el otro, recaudador de impuestos. El fariseo se puso a orar consigo mismo: "Oh Dios, te doy gracias porque no soy como otros hombres —ladrones, malhechores, adúlteros— ni mucho menos como ese recaudador de impuestos. Ayuno dos veces a la semana y doy la décima parte de todo lo que recibo". En cambio, el recaudador de impuestos, que se había quedado a cierta distancia, ni siquiera se atrevía a alzar la vista al cielo, sino que se golpeaba el pecho y decía: "¡Oh Dios, ten compasión de mí, que soy pecador!". Les digo que éste, y no aquél, volvió a su casa justificado ante Dios. Pues todo el que a sí mismo se enaltece será humillado, y el que se humilla será enaltecido. (Lucas 18:10–14)

El que recibió respuesta a sus oraciones fue el recaudador de impuestos que había engañado y pidió compasión. La palabra griega traducida como *"compasión"* significa "expiar, hacer propiciación por". El recaudador de impuestos estaba apelando a aquel que moriría en su lugar y expiaría sus pecados. Jesús nos estaba dando una vista previa del significado de su muerte. Estaba revelando que la persona que confía en sus propias obras para llegar a los oídos de Dios fracasará, pero la que confía en la obra de misericordia de Cristo en la cruz descubrirá que sus oraciones son contestadas.

El Reverendo Kenneth Hagin contaba la historia de una mujer que asistía fielmente a la iglesia y, sin embargo, parecía que nunca recibía respuestas a las oraciones que Hagin hacía por ella. Después de un tiempo, ella se quejó a Hagin, diciendo: "Tengo una pregunta muy difícil para usted, hermano Hagin. ¿Por qué cuando usted ora por mí Dios nunca responde? Sin embargo, la hermana _____, que rara vez asiste a la iglesia, siempre recibe respuestas a sus oraciones cuando usted ora por ella. ¿Por qué hace eso Dios?".

El Reverendo Hagin respondió: "Oh, hermana, pensé que me iba a hacer una pregunta difícil. Mire, la hermana _____ puede que no sea una cristiana tan fiel como usted, pero tiene un buen corazón y siempre está confiada en que

Dios responderá la oración. Usted, por otra parte, es una cristiana fiel; sin embargo, se enorgullece de sus obras y menosprecia a otros, y cuando yo oro por usted, usted tiene poca confianza en que Dios responderá".

Hagin llegó al corazón del asunto. Hay dos tipos de creyentes: quienes confían en su propia justicia y quienes confían en la justicia de Cristo.

Cuando yo era un nuevo creyente, Dios me habló diciendo: *Tom, extiende tus manos.* Yo lo hice, y entonces Él dijo: *Siempre que impongas manos sobre los enfermos en mi nombre, yo impondré manos sobre ellos contigo.* Él no me estaba dando un don especial que otros no tengan; más bien, me estaba mostrando que cuando utilizo el nombre de Jesús al orar por las personas, es lo mismo que hacer que Cristo haga la obra. Yo dependo de Cristo, no de mí mismo.

Jesús dijo: *"Lo que pidan en mi nombre, yo lo haré"* (Juan 14:14). Él promete ser quien sana a los enfermos o expulsa demonios cuando nosotros hacemos uso de su nombre.

Respete la autoridad de Jesús

Usted necesita tener una revelación del valor del nombre de Jesús. No es suficiente con comportarse como un loro repitiendo las palabras correctas; tiene que saber lo que significa orar en el nombre de Jesús. Ese nombre es su autoridad, al igual que una placa de policía representa la ley que un oficial tiene el encargo de hacer cumplir. Cualquier oficial de policía sabe que no hay magia alguna en la placa, pero la lleva en todo momento porque se le ha confiado a él. Desde luego, la placa no le da derecho a abusar de su autoridad. Él es un servidor del pueblo.

Ahora bien, alguien podría obtener una placa falsa y comportarse como un oficial de policía, pero eso no le daría una verdadera autoridad para hacer cumplir la ley. La única razón de que alguien se hiciera pasar por oficial no sería la de ayudar a los demás sino la de obtener algo para sí mismo.

Hay una historia en la Biblia que ilustra la futilidad de intentar hacerse pasar por un verdadero discípulo de Cristo.

> *Algunos judíos que andaban expulsando espíritus malignos intentaron invocar sobre los endemoniados el nombre del Señor Jesús. Decían: "¡En el nombre de Jesús, a quien Pablo predica, les ordeno que salgan!". Esto lo hacían siete hijos de un tal Esceva, que era uno de los jefes de los sacerdotes judíos. Un día el espíritu maligno les replicó: "Conozco a Jesús, y sé quién es Pablo, pero ustedes ¿quiénes son?". Y abalanzándose sobre ellos, el hombre que tenía el espíritu maligno los dominó a todos. Los maltrató con tanta violencia que huyeron de la casa desnudos y heridos.*   (Hechos 19:13–16)

Esos hombres no "conocían" a Cristo. No tenían una relación personal con Él. Hay algunos "impostores" actualmente que creen que son discípulos de Cristo, pero no le han aceptado como Señor y Salvador y han nacido de nuevo. En realidad no le conocen.

Debemos entender que la placa de autoridad que Jesús nos ha dado, su nombre, conlleva una gran responsabilidad. No es solo un término para que lo invoquemos a fin de presumir de nuestro poder. Debemos usarlo con humildad, recordando nuestra tarea de ser una bendición para otros.

Una mujer me escribió y decía: "Ahora, permita que lo entienda. Si digo las palabras correctas, como 'en el nombre de Jesús', Dios tiene que darme el esposo que yo escoja".

Yo le escribí: "Lo ha entendido mal. Un esposo no es un premio que Dios da a la oración ganadora. Usted necesita orar para ser el tipo de persona que sea una estupenda esposa para un hombre maravilloso".

Una de las dificultades que veo en el cuerpo de Cristo es una falta de personas que tengan un corazón de siervo. Muchas personas miran solamente por sí mismas, queriendo descubrir cómo pueden conseguir todas las bendiciones de Dios. Olvidan que somos llamados a amar a Dios en primer lugar, a los demás en segundo lugar y a nosotros mismos en tercer lugar. Eso es lo que significa utilizar el nombre de Jesús. ¿Significa eso que no debería pedirle a Dios cualquier cosa que le pertenezca? Claro que no. Dios le ama y quiere bendecirle. Sin embargo, Él honra a la persona que utiliza su nombre y sabe lo que eso realmente conlleva.

Utilizar el nombre de Jesús adecuadamente

Por eso, adviértele al pueblo de Israel que así dice el Señor omnipotente: "Voy a actuar, pero no por ustedes sino por causa de mi santo nombre, que ustedes han profanado entre las naciones por donde han ido. Daré a conocer la grandeza de mi santo nombre, el cual ha sido profanado entre las naciones, el mismo que ustedes han profanado entre ellas. Cuando dé a conocer mi santidad entre ustedes, las naciones sabrán que yo soy el Señor. Lo afirma el Señor omnipotente".

(Ezequiel 36:22–23)

Hay dos cosas importantes que Dios destaca en el pasaje anterior. En primer lugar, dice que la razón de que Él haga cosas grandes en el mundo se debe *"por causa de [su] santo nombre"*. Dios es bueno, y Él honra su propio nombre entre las naciones demostrando su bondad y su santidad. En segundo lugar, Dios le dice a Israel que no bendecirá al mundo causa de ellos. De hecho, Él explica que el nombre de ellos ha adquirido una mala reputación, y les acusa de haber "*profanado*" su nombre. Profanar el nombre de Dios es utilizarlo mal, similar a un oficial de policía corrupto que utiliza su placa para ganancia personal o para hacer daño a otros en lugar de para mantener la ley.

Cuando mi padre estaba muy enfermo, me otorgó poder notarial. Sin embargo, eso no significaba que él quisiera que tomase todo su dinero y lo transfiriesen a mi propia cuenta, dejando a mi hermana sin nada. Yo tenía el poder para hacer eso, pero habría sido un abuso del poder que él me había dado. Lo mismo es cierto cuando se trata de utilizar el nombre de Jesús. Dios mira nuestros corazones y desea que utilicemos el nombre de Jesús en oración para su reino y no para nuestros propios reinos.

No utilice mal el nombre

Veo mucho mal uso del nombre de Jesús en la iglesia. Veo a personas usarlo mal para juzgar a otros. Lo contrario es también cierto, cuando las personas lo usan mal para defender prácticas de pecado. Presumen de su conducta inmoral, diciendo: "Dios me ama tal como soy, y nunca me pediría que cambiase". Escuche: el nombre de Jesús es santo, así que no tiene sentido insistir en que Él aceptará su pecado. *Él no lo hará.*

No niegue el poder que hay en el nombre

Otro grave abuso del nombre de Jesús es negar que Cristo tenga el mismo poder y autoridad actualmente que tenía cuando Él estaba en la tierra. Hay algunos que creen que hubo una suspensión o cese de los dones espirituales de sanidades y milagros cuando los apóstoles murieron. Esas personas suponen, erróneamente, que las capacidades para sanar, para hablar en lenguas y para expulsar demonios eran dones dados solamente a los apóstoles, y que cuando ellos murieron, los dones murieron con ellos. Aquellos que respaldan esta perspectiva no creen que Dios siga haciendo milagros en nuestros tiempos modernos. Deshonran el nombre de Jesús sugiriendo que ya no tiene valor o poder, aparte del poder para salvar a los perdidos.

Sin embargo, Jesús nos dio el poder de su nombre para que también pudiéramos sanar enfermos y echar fuera demonios: *"Estas señales acompañarán a los que crean: en mi nombre expulsarán demonios; hablarán en nuevas lenguas;…pondrán las manos sobre los enfermos, y éstos recobrarán la salud"* (Marcos 16:17–18).

Notemos que Jesús no dijo que estas fueran "señales apostólicas"; dijo: *"Estas señales acompañarán a los que crean"*. La razón por la cual hay creyentes que siguen caminando en estas señales actualmente es que han dado uso al nombre de Jesús. Jesús dijo: *"En mi nombre…"*. Es el nombre de Jesús el que nos capacita para sanar a personas y liberarlas de la posesión demoniaca.

El nombre de Jesús no ha perdido nada de su poder y autoridad. De hecho, desde la exaltación de Cristo a la diestra de Dios, su poder y autoridad, y también las muestras, han aumentado.

> *Y al manifestarse como hombre, [Jesús] se humilló a sí mismo y se hizo obediente hasta la muerte, ¡y muerte de cruz! Por eso Dios lo exaltó hasta lo sumo y le otorgó el nombre que está sobre todo nombre, para que ante el nombre de Jesús se doble toda rodilla en el cielo y en la tierra y debajo de la tierra, y toda lengua confiese que Jesucristo es el Señor, para gloria de Dios Padre.*
>
> (Filipenses 2:8–11)

Mientras estaba en la tierra, Jesús tenía autoridad sobre la enfermedad, los demonios y la naturaleza. Después de su muerte y resurrección, tuvo autoridad sobre los tres ámbitos de la existencia: *"en el cielo y en la tierra y debajo de la tierra"*. Después de su resurrección, Jesús se apareció a sus discípulos y dijo: *"Se me ha dado toda autoridad en el cielo y en la tierra"* (Mateo 28:18). Ahora, su nombre ha sido investido de *"toda autoridad"*.

Ya que Jesús ahora es exaltado a la diestra de Dios, tenemos acceso a un poder incluso más milagroso que antes. Esto es lo que Jesús quiso decir cuando dijo:

> *Ciertamente les aseguro que el que cree en mí las obras que yo hago también él las hará, y aun **las hará mayores**, porque yo vuelvo al Padre. Cualquier cosa que ustedes pidan en mi nombre, yo la haré; así será glorificado el Padre en el Hijo.* (Juan 14:12–13)

Podemos hacer cosas *"mayores"*. Esto no se debe a que seamos mayores que Jesús, sino a que Jesús es ahora mayor de lo que era cuando estaba en la tierra. Él está en el cielo con mayor autoridad, restaurado a su majestad, esplendor y honra.

Por tanto, es erróneo creer que los milagros pasaron con los apóstoles. Como hemos visto, la verdad es que deberíamos experimentar milagros aún mayores en nuestras vidas que en tiempos de Jesús, porque su nombre tiene más autoridad de la que tenía antes. Cuando usted ora y utiliza el nombre de Jesús, espere que Dios trate sus oraciones del modo en que trataría las oraciones de Cristo. Usted recibirá respuestas.

Capítulo 15

Paso tres: Permanecer en la Palabra de Dios

Venga tu reino, hágase tu voluntad en la tierra como en el cielo.
—Mateo 6:10

Una de las preguntas que planteo a las personas que me piden que ore por ellas es la siguiente: "¿Sobre qué escritura está apoyándose para garantizar que Dios contestará su oración?".

La respuesta normal es: "Nada en particular".

Y esto es lo que obtienen: *Nada en particular.*

Nuestro Señor es un Dios soberano, lo cual significa que Él es libre para hacer lo que quiera. Él no responde ante nadie. Nadie puede mover a Dios en ninguna dirección que Él no quiera seguir. Él no es influenciado por nadie.

Podría usted concluir que no tiene caso tener ninguna confianza en que Dios obrará de cierta manera. Y esa sería una conclusión razonable, si Dios no se hubiera limitado a sí mismo a su Palabra. Una de las grandes verdades de la Escritura es que Dios es fiel a su propia Palabra. La Biblia lo expresa de este modo: *"Reconoce, por tanto, que el SEÑOR tu Dios es el Dios verdadero, el Dios fiel, que cumple su pacto generación tras generación, y muestra su fiel amor a quienes lo aman y obedecen sus mandamientos"* (Deuteronomio 7:9).

Dos cosas sobresalen en este versículo. En primer lugar, Dios es Dios, lo cual significa que Él actúa sin ninguna condición ni límite. Nadie le obliga a hacer algo o le prohíbe hacer algo. Muchos creyentes entienden este primer principio cuando se trata de la oración, y sin embargo no entienden el segundo hecho importante: Él es *"el Dios fiel"*. Usted no puede llamar a alguien "fiel" si esa persona no cumple su palabra. Dios es fiel; por tanto, Él cumplirá aquello que ha prometido a sus hijos. Aunque Dios es Dios y, por tanto, es libre para hacer lo que Él quiera, se ha vinculado a sí mismo a su pueblo mediante su Palabra a fin de que ellos puedan depender de Él.

La voluntad de Dios no es un misterio

La frase *"Hágase tu voluntad en la tierra como en el cielo"* (Mateo 6:10) está relacionada con la soberanía y la fidelidad de Dios; y no con una más que con la otra. Por tanto, cuando declaramos: "Hágase la voluntad de Dios", eso no significa que no tengamos idea alguna de cuál es la voluntad de Dios. Más bien significa que contamos con que Dios provea algo que Él ya nos ha prometido. La voluntad de Dios está vinculada a su Palabra. Si Dios ha prometido en su Palabra hacer algo por nosotros, entonces podemos llegar a la conclusión de que debe de ser su voluntad. La voluntad de Dios no es algún propósito desconocido y misterioso que Él mantiene oculto de nosotros. Más bien, Él ha dado a conocer su voluntad por medio de su Palabra.

"Él nos hizo conocer el misterio de su voluntad conforme al buen propósito que de antemano estableció en Cristo" (Efesios 1:9). El misterio de la voluntad de Dios ha sido esclarecido para nosotros. No hay una verdadera confianza en la oración si usted no conoce la voluntad de Dios.

Podría preguntar: "¿Acaso no dice la Biblia que los pensamientos y los caminos de Dios no son nuestros pensamientos y caminos?". (Véase Isaías 55:8). Sí, así es. Por tanto, al saber lo lejos que estábamos de conocer su voluntad, Dios nos dio su Palabra.

> *Mis caminos y mis pensamientos son más altos que los de ustedes; ¡más altos que los cielos sobre la tierra!...Así es también la palabra que sale de mi boca: No volverá a mí vacía, sino que hará lo que yo deseo y cumplirá con mis propósitos.* (Isaías 55:9, 11)

Dios resolvió nuestro problema de estar tan lejos de sus pensamientos y su voluntad dándonos su Palabra.

Dios revela su voluntad por medio de Jesús

La mayor revelación de la Palabra de Dios es Jesús, que es uno con la Palabra: *"En el principio ya existía el Verbo, y el Verbo estaba con Dios, y el Verbo era Dios"* (Juan 1:1). Jesús es la voluntad de Dios personificada. Jesús dijo: *"Porque he bajado del cielo no para hacer mi voluntad sino la del que me envió"* (Juan 6:38). Él reveló la voluntad de Dios no solo mediante su enseñanza sino también, y más importante, mediante sus acciones. Jesús hizo hincapié en el propósito supremo de sus acciones: hacer la voluntad *"del que me envió"*.

Eso significa que usted puede descubrir la voluntad de Dios observando los actos de Cristo. Por ejemplo, cuando se trató de sus relaciones con pecadores, Jesús siempre les perdonaba. Considere lo rápidamente que Él perdonó a la prostituta que lloró y, cuando lo hizo, utilizó sus lágrimas para lavar sus pies, secándolos con sus cabellos (véase Lucas 7:38–50). Ante los ojos de Jesús, ningún pecador estaba demasiado lejos para encontrar su camino de regreso a Dios.

Sandra fue una vez una fiel mujer de Dios, pero después de divorciarse de su esposo, perdió confianza en el amor de Dios por ella. Regresó a sus viejos hábitos, entre los que se incluían el fumar. Más adelante, sin embargo, se reconcilió con su anterior esposo y volvieron a casarse. Ella me escribió: "Pastor, quiero servir a Dios pero sigo fumando. Me he librado de todo lo demás excepto de los cigarrillos. ¿Hay alguna esperanza para mí? ¿Puede seguir Dios usándome incluso si fumo? ¿O tengo que dejar de servirle hasta que sea capaz de dejar de fumar?".

Aunque fumar es un hábito malsano, la nicotina no detendrá la misericordia de Dios. Yo le respondí: "Desde luego, Dios puede seguir usándola para su gloria. No está usted demasiado lejos". En Lucas 7, yo creo que Jesús perdonó a la prostituta incluso antes de que ella se arrepintiera. La única evidencia de su remordimiento fue su derramamiento de lágrimas. A veces, sus lágrimas son lo único que Dios necesita ver. La carta de Sandra mostraba su deseo de vivir correctamente. Eso era suficiente para que Dios continuara bendiciéndole y usándole.

Dios revela su voluntad por medio de su Palabra

Puede usted pensar que yo fui presuntuoso al declarar que Dios podía seguir usando a Sandra como un vaso de honra. Pero yo tenía el ejemplo del trato misericordioso de Cristo a la prostituta para ayudarme a entender la voluntad de Dios para ella. No tengo una escritura concreta que diga que Dios le sigue amando aunque fume cigarrillos, pues la Biblia nunca los menciona, pero los actos de Cristo hacia los pecadores me ayudan a entender la voluntad de Dios con respecto a personas como Sandra.

Lo mismo se aplica a la sanidad. Muchas personas oran para tener una buena salud, pero tienen poca o ninguna confianza en que la voluntad de Dios sea sanarles. Intentan encontrar escrituras para demostrar el deseo de Dios de sanar, cuando una sencilla manera de demostrar su voluntad a este respecto es observar el modo en que Cristo trataba a los enfermos.

Mi historia favorita de sanidad en la Biblia es la del leproso que acudió a Jesús para ser curado, una historia que vimos anteriormente. *"Un hombre que tenía lepra se le acercó y se arrodilló delante de él. —Señor, si quieres, puedes limpiarme —le dijo"* (Mateo 8:2). Recuerde que este hombre no estaba seguro de si era la voluntad de Jesús que él estuviera sano. ¿Cómo iba a este hombre a tener alguna vez confianza en su oración a Cristo? Había solo una manera de que él tuviera fe: Jesús iba a tener que eliminar su duda. *"Jesús extendió la mano y tocó al hombre. —Sí quiero —le dijo—. ¡Queda limpio! Y al instante quedó sano de la lepra"* (Mateo 8:3).

Jesús fue enfático: *"Sí quiero"*. Esto hace parecer como si los sentimientos de Jesús hubieran sido heridos por la duda del leproso; como si Jesús pensara: *¿Cómo se atreve a pensar que yo no quiero sanar a quienes están enfermos? ¡Desde luego que quiero sanar a los enfermos!*

Estoy sorprendido por el número de creyentes sinceros que dudan de la disposición de Dios para sanar. Y sin embargo, hay relatos alentadores de aquellos que están firmes en su Palabra y creen en el deseo de Él de sanar a sus hijos.

Melissa es la madre de dos niñas gemelas. Cuando estaba embarazada de veintiuna semanas, los médicos descubrieron un bajo nivel de fluido en el saco amniótico que rodeaba a uno de los fetos, pero dijeron que había nada que ellos pudieran hacer. Le dieron al bebé un 20 por ciento de probabilidad de sobrevivir al parto, y un 5 por ciento de probabilidad de tener una vida saludable.

Melissa dio a conocer el problema a su iglesia, y todos comenzaron a orar. Aunque algunos cristianos comenzaron a orar por una sanidad total, hubo otros que le dijeron a Melissa que quizá el plan de Dios fuese que ella tuviera solamente un hijo. Melissa rechazó esos argumentos hechos por el hombre. Se mantuvo firme en la Palabra de Dios.

Comenzó a decirles a todos que sus dos bebés iban a ser sanos. Fue una afirmación valiente, considerando las probabilidades, pero Dios no se preocupa por los porcentajes. Él ama a los desamparados. Le encanta mostrarse y desafiar las expectativas humanas. Melissa llegó tan lejos hasta poner nombres a sus hijas: Lola y Maddie. Entonces, su fe fue realmente probada. Durante las dos semanas siguientes, el líquido amniótico disminuyó aún más. Pero Melissa tenía una palabra de Dios. No renunció a su fe. Después de aquellas dos semanas, de manera milagrosa, el líquido amniótico aumentó de modo dramático. Los médicos no tenían ninguna explicación para ese aumento rápido. Incluso estuvieron de acuerdo con Melissa en que había sido una respuesta a la oración.

Melissa dio a luz a dos bebés sanas.

Es fácil desalentarse cuando su fe es probada. Es fácil suponer que la voluntad de Dios es otra cosa distinta a la salud completa, pero debe oír las palabras de Jesús, que le dijo al leproso: "*Sí quiero*". Usted sencillamente *desea* que Dios quiera sanarle; debe *saber* que Él está dispuesto, porque Jesús es la voluntad de Dios personificada.

Creer en Dios contra creer a Dios

Pero Abram le respondió: —Señor y Dios, ¿para qué vas a darme algo, si aún sigo sin tener hijos, y el heredero de mis bienes será Eliezer de Damasco? Como no me has dado ningún hijo, mi herencia la recibirá uno de mis criados. —¡No! Ese hombre no ha de ser tu heredero —le contestó el Señor—. Tu heredero será tu propio hijo. Luego el Señor lo llevó afuera y le dijo: —Mira hacia el cielo y cuenta las estrellas, a ver si puedes. ¡Así de numerosa será tu descendencia! Abram creyó al Señor, y el Señor lo reconoció a él como justo. (Génesis 15:2–6)

Al principio, Abram no tenía ninguna confianza en que Dios le daría un hijo. Comenzó a preguntar a Dios si había alguna posibilidad de que Él respondiera su petición. Dios respondió prometiendo un hijo a Abram. Una vez que Dios le hubo dado la promesa, Abram *"creyó al Señor"*. No fue capaz de creer hasta que Dios le hubo hecho una promesa.

Muchas veces, hay personas que me dicen: "Yo sí creo en el Señor". ¿Y qué? Abram creyó en el Señor también, pero existe una inmensa diferencia entre *creer en* el Señor y *creer al* Señor. Abram sabía que nada era demasiado difícil para Dios, pero solamente ese conocimiento fue insuficiente. Necesitaba saber que Dios le daría un hijo. Hasta que recibió la promesa de Dios, no tuvo tal confianza. Fe no es simplemente aceptar la existencia de Dios; fe es aceptar las promesas de Dios. A menos que usted tenga una promesa de parte de Dios de que su oración será contestada, no puede tener verdadera fe.

Dios dio a Abram una promesa adicional. Dios no solo le daría un hijo, sino que también le daría la tierra de Canaán: *"Yo soy el Señor, que te hice salir de Ur de los caldeos para darte en posesión esta tierra"* (Génesis 15:7). En este caso, sin embargo, Abram necesitaba una confirmación adicional. *"Pero Abram le preguntó: —Señor y Dios, ¿cómo sabré que voy a poseerla?"* (Génesis 15:8). Abram no tenía la misma confianza sobre heredar la Tierra Prometida que la que tenía sobre recibir un hijo.

Nosotros con frecuencia mostramos una duda parecida. Tenemos confianza en que Dios nos sanará, pero cuando se trata de su provisión material, grandes dudas nos vencen. Abram no tenía ningún problema en creer que Dios podría sanar a su esposa de esterilidad, pero le resultaba difícil creer que Dios le proveería tanta riqueza. ¿Es también eso cierto para usted?

Lo era para mí. Yo creía en el poder sanador de Dios, pero cuando se trataba de finanzas, era escéptico. Era difícil creer que Dios quisiera prosperarme. Entonces, un día, llevé el asunto a Dios en oración diciendo: "Señor, oigo que tu deseo es prosperarme, pero otros dicen que no es cierto. No sé qué creer, así que voy a leer tu Palabra y aceptar cualquier cosa que enseñe".

Dios escuchó mi sincera oración. A medida que estudié las Escrituras, Dios me mostró claramente que Él había prometido bendecirme con riqueza material. Había tantas promesas de prosperidad que yo ya no podía seguir ignorándolas.

A continuación hay un pequeño conjunto de las promesas que descubrí:

Ustedes comerán en abundancia, hasta saciarse, y alabarán el nombre del Señor *su Dios, que hará maravillas por ustedes.* (Joel 2:26)

El Señor *abrirá los cielos, su generoso tesoro, para derramar a su debido tiempo la lluvia sobre la tierra, y para bendecir todo el trabajo de tus manos. Tú les prestarás a muchas naciones, pero no tomarás prestado de nadie. El* Señor *te pondrá a la cabeza, nunca en la cola. Siempre estarás en la cima, nunca en el fondo, con tal de que prestes atención a los mandamientos del* Señor *tu Dios que hoy te mando, y los obedezcas con cuidado.* (Deuteronomio 28:12–13)

Así que mi Dios les proveerá de todo lo que necesiten, conforme a las gloriosas riquezas que tiene en Cristo Jesús. (Filipenses 4:19)

Dios promete satisfacer mis necesidades, no simplemente según la economía del país sino según sus riquezas, y Dios es muy rico. Por tanto, Él ha prometido suplir en abundancia mis necesidades.

Después de que acepté la verdad de que Dios me había prometido abundancia, también presté atención a sus advertencias en cuanto a la riqueza. Mire, contrariamente a las bendiciones de la salvación, la sanidad y la liberación, la bendición de la prosperidad tiene peligros asociados. Los peligros de que el dinero me aparte de Dios son reales, y supongo que fueron esos peligros los que me hicieron dudar del deseo de Dios de que yo tuviera riqueza. Pero también entendí que podía recibir en abundancia y seguir alabando el nombre del Señor (véase Joel 2:26). La provisión material no necesariamente me haría alejarme de Él. Por el contrario, podría hacer que fuese más agradecido y centrado en Dios en agradecimiento por recibir sus bendiciones. Estas revelaciones de la Palabra de Dios me dieron confianza para orar por éxito en la vida. *"Te rogamos, oh Señor: sálvanos ahora; te rogamos, oh Señor: prospéranos ahora"* (Salmos 118:25, lbla). Yo sabía que siempre podía pedir al Señor que me salvara, pero ahora tenía confianza también para orar: *"prospéranos ahora".*

Pactos de confirmación

Regresemos a la historia de Abram, que necesitaba seguridad adicional de que Dios le otorgaría una tierra como herencia. Dios le dio esa confirmación adicional haciendo un pacto de sangre con él. Dios le dijo a Abram que cortase por la mitad unos animales como ofrenda. *"En aquel día el Señor hizo un pacto con Abram. Le dijo:* —*A tus descendientes les daré esta tierra...*" (Génesis 15:18). Este pacto eliminó toda duda de Abram.

¿Qué era un pacto en tiempos bíblicos? Era un contrato solemne ratificado con sangre. Actualmente hacemos contratos para atar a las personas a su palabra. Dos personas que hacen un acuerdo pueden darse un apretón de manos y tomarse la palabra el uno al otro, o pueden firmar un contrato, que les vincula legalmente a los términos de su acuerdo. Lo segundo está más cerca de lo que Dios hizo. Aunque su palabra es suficiente, Él hizo un contrato de sangre con Abram, asegurándole que cumpliría su palabra.

> *Por eso Dios, queriendo demostrar claramente a los herederos de la promesa que su propósito es inmutable, la confirmó con un juramento. Lo hizo así para que, mediante la promesa y el juramento, que son dos realidades inmutables en las cuales es imposible que Dios mienta, tengamos un estímulo poderoso los que, buscando refugio, nos aferramos a la esperanza que está delante de nosotros.* (Hebreos 6:17–18)

Este pasaje identifica dos cosas que son "inmutables": Dios no miente, y Él nunca romperá un pacto. También explica por qué Dios hizo el juramento en conjunto con sangre: "*Dios...queriendo demostrar claramente a los herederos de la promesa que su propósito es inmutable*". Los pactos clarifican el acuerdo; Dios hizo un pacto para clarificar lo que había prometido.

Como Dios es soberano, libre para hacer lo que Él quiera, escogió vincularse a sí mismo en un pacto, no solo con Abram sino también con nosotros. La cruz es también una promesa de pacto de sangre de parte de Dios para su pueblo.

En la última cena, Jesús explicó el significado de su muerte inminente: *"Esto es mi sangre del pacto, que es derramada por muchos para el perdón de pecados"* (Mateo 26:28). La Biblia está dividida en dos secciones: el Antiguo Testamento y el Nuevo Testamento. La palabra *testamento* es un término de pacto. Mediante la Palabra de Dios, podemos tener confianza en que Él es un Dios que guarda el pacto. Él entra en pacto con nosotros para que podamos tener absoluta confianza en que Él proveerá para nuestras necesidades.

Un pacto es incluso mayor que una promesa o un contrato humano. En un contrato, dos partes estipulan los límites de un acuerdo. Por ejemplo, en un contrato de un vehículo, el comprador promete pagar cierta cantidad, y el fabricante del vehículo promete entregar el auto, normalmente con una garantía para cubrir cualquier reparación necesaria durante los primeros años de funcionamiento. El contrato no es perpetuo, ni tampoco cubre otras áreas de la vida del comprador. El fabricante, por ejemplo, no promete suplir las necesidades económicas del comprador o su buena salud. Es un contrato limitado y que se relaciona solamente con un tema: el vehículo.

En un pacto, sin embargo, el acuerdo lo cubre todo. Cuando dos partes hacen un pacto, acuerdan que todos sus activos y pasivos les pertenecen a ambos. Un excelente ejemplo de un pacto actual es el pacto matrimonial. Cuando dos personas se casan, entran en un pacto que es con todo incluido. Acuerdan compartirlo todo, ¡para toda la vida! Eso es esencialmente lo que Dios ha hecho. Al hacer un pacto con nosotros, Dios acordó tomar todas nuestros pasivos (pecados) sobre sí mismo por medio de Cristo y darnos todos sus activos. Por eso Pablo escribió: *"Somos herederos; herederos de Dios y coherederos con Cristo"* (Romanos 8:17).

De una manera práctica, Dios promete ocuparse de todas nuestras necesidades; no es necesario que nosotros sepamos específicamente todo lo que Dios ha prometido, ya que el pacto vincula a Dios a cuidar completamente de nosotros. Así, si usted tiene una necesidad en particular que puede que sea o no mencionada concretamente en la Biblia, eso no importa. Si es una necesidad legítima, y si se conforma a la vida de santidad que Dios desea para sus hijos, entonces puede usted estar seguro de que Dios suplirá esa necesidad.

Nuestra parte del pacto

Esta seguridad no es una excusa para ignorar la Palabra de Dios y pedir cualquier cosa que usted quiera. Por el contrario, Jesús estableció esta condición para las oraciones exitosas: "*Si permanecen en mí y mis palabras permanecen en ustedes, pidan lo que quieran, y se les concederá*" (Juan 15:7). Pida lo que usted quiera, ¡el cielo es el límite! Pero hay una condición doble: debe permanecer en Cristo, y sus palabras deben permanecer en usted. Permanecer en Él es vivir en obediencia a Él. Que su Palabra permanezca en usted es meditar en la Escritura y hacer que sea su guía para la vida. Debe estar usted lleno de la Palabra. Cuando esté lleno de la Palabra, su fe será fuerte.

El secreto de una fe fuerte en oración es hacer que la Palabra sea una realidad viva en su interior. Para hacer esto, no debe tratar la Biblia como un cuento sino leerla como si Dios le estuviera hablando. Muchas personas leen el periódico y creen en lo que leen; sin embargo, cuando leen la Biblia dudan de ella, pensando: *Me gustaría que de verdad fuese así.* ¿Cómo puede esperar recibir respuestas a sus oraciones cuando batalla para creer la Biblia? La Biblia es Dios hablándole a usted. Necesita recibir las palabras de la Biblia como Palabra de Dios. No dude de su validez.

Dios y su palabra son uno y lo mismo. Dudar de la Palabra de Dios es dudar de Dios. Su contacto con Dios está garantizado mediante su Palabra. Es sorprendente los pocos cristianos que entienden esto. Tienen una idea de quién es Dios y lo que hace, pero basan esa idea en sus propias opiniones de Él en lugar de basarla en la Palabra de Dios misma: *"Así que la fe viene como resultado de oír el mensaje, y el mensaje que se oye es la palabra de Cristo"* (Romanos 10:17). Usted confía en Dios más cuando le oye hablarle a usted, y Él le habla mediante *"la palabra de Cristo"*.

Alguien podría decir: "Claro, Pastor, pero los hombres escribieron la Biblia".

Pero aquellos hombres fueron canales mediante los cuales Dios habló. Lea este extracto de uno de los hombres que escribieron la Biblia:

Así que no dejamos de dar gracias a Dios, porque al oír ustedes la palabra de Dios que les predicamos, la aceptaron no como palabra humana sino como lo que realmente es, palabra de Dios, la cual actúa en ustedes los creyentes. (1 Tesalonicenses 2:13)

Nunca he visto a una persona de oración exitosa que no creyese plenamente que la Biblia es la Palabra de Dios.

Ponga la Palabra de Dios en usted, aprenda lo que enseña, y crea todas las promesas de Dios. Entonces, tendrá una base sólida para la oración contestada.

Capítulo 16

Paso cuatro: Pedir y recibir

Danos hoy nuestro pan cotidiano.
—Mateo 6:11

Es sorprendente lo tímidas que son las personas con respecto a pedir a Dios lo que necesitan. ¿Qué es lo que usted necesita? ¡Debe pedirlo! Y cuando lo haga, sea concreto.

El Dr. David Yonggi Cho es pastor emérito de la iglesia más grande del mundo, en Corea del Sur. Hace muchos años, cuando su país estaba empobrecido, él le pidió a Dios una bicicleta. En un país pobre, esa era una petición extravagante. Pasaron varios meses, y él no recibía una bicicleta. Finalmente, le preguntó al Señor por qué estaba tomando tanto tiempo. El Señor respondió: *Hijo, no me dijiste qué tipo de bicicleta querías. Hay muchas marcas distintas, distintos colores y distintos fabricantes. Sé concreto. ¿Qué tipo de bicicleta quieres?*

Tenemos que ser concretos en nuestras oraciones. Jesús preguntó a un ciego: *"¿Qué quieres que haga por ti?"* (Marcos 10:51). Podría parecer obvio que el hombre quería recibir la vista, pero Jesús nunca supone conocer el deseo que usted tiene. Él quiere que usted se lo diga.

Alguien podría preguntar: "¿Acaso no sabe ya el Señor lo que necesitamos?".

Claro que lo sabe, pero aun así quiere que se lo pidamos. Ese es el lado legal de la oración. Es un principio del reino. Usted debe pedir.

"*No tienen, porque no piden*" (Santiago 4:2). Permita que esa escritura cale en usted. Hay cosas que podría estar disfrutando, como salud, éxito, hijos piadosos, pero no las disfruta por una razón: no pide. Tome esta escritura en serio. Si quiere recibir todo lo que Dios tiene para usted, es mejor que no sea tímido para pedírselo.

El Dr. Cho comenzó a escribir su petición de la bicicleta. Fue concreto. Le dijo al Señor que quería una bicicleta americana con marchas en un lado para poder regular la velocidad. Entonces, fue incluso más concreto. Incluyó también una petición de un escritorio y una silla. Entró gozo en su corazón. Al día siguiente, le dijo a su congregación: "Amigos, mediante las bendiciones de Dios, tengo un escritorio de caoba y una silla con marco de hierro y ruedas. Incluso tengo una bicicleta hecha en U.S.A. con marchas a un lado. ¡Gloria a Dios!

Las personas elevaron sus cejas, pues sabían que él era pobre. Pero él estaba haciendo lo mismo que Abram, que creyó en un Dios "*que llama las cosas que no son como si ya existieran*" (Romanos 4:17). Dios cambió su nombre de Abram a Abraham. Yo le imagino diciéndoles a todos que le llamase por su nuevo nombre, que significa "padre de muchas naciones". ¿Puede imaginarse llamándose a usted mismo "padre de muchas naciones" cuando ni siquiera tiene un solo hijo? Eso es verdadera fe: llamar a las cosas tal como son en la esfera espiritual en lugar de en la esfera natural. Fue solo cuestión de tiempo antes de que la esposa de Abraham, Sara, se quedase embarazada y naciera su hijo prometido, Isaac, mediante el cual llegaron los incontables descendientes de Abraham.

El Dr. Cho, tomando ejemplo de Abram, les dijo a todos que tenía una bicicleta y un escritorio antes de que esas cosas existieran en la esfera natural. Solo puedo imaginar cómo reaccionaron los siervos de Abraham ante su cambio de nombre. En el caso del Dr. Cho, algunos jóvenes se acercaron a él después de su anuncio y dijeron: "Enséñenos el escritorio y la bicicleta que tiene".

El Dr. Cho quedó conmocionado, pues no había anticipado que cualquiera quisiera verlos. Oró para que Dios le mostrase cómo responder a aquellos jóvenes, y Dios le dio la respuesta: "Cuando fueron concebidos en el vientre de su madre, ¿existían ustedes?". Ellos asintieron. "Pero no se les veía mientras estaban en el vientre. Es ahí donde están mi escritorio y mi bicicleta. Están en mi vientre; verdaderamente existen pero ustedes aún no pueden verlos".

Los hombres se rieron y dijeron: "Esta es la primera vez que hemos oído que un hombre esté embarazado de un escritorio y una bicicleta". Sin embargo, entendieron lo que quería decir.

Esto nos lleva a la importancia de recibir cuando usted ora.

Créalo y recíbalo

Cuando haya hecho una petición concreta al Señor, debe creer que ha recibido lo que ha pedido, incluso antes de que pueda verlo. Recuerde que Jesús dijo que orásemos: *"Danos hoy nuestro pan cotidiano"* (Mateo 6:11). Él no dijo: "Danos el pan nuestro de cada día". ¡No! El dijo: *"Danos hoy nuestro pan cotidiano"*. Usted no espera a *mañana* para conseguir el pan que necesita hoy. Por tanto, cuando pide, debe estar expectante de que la respuesta ya ha sido dada. En otras palabras, debe estar "embarazado" de la respuesta.

Jesús les dijo a sus discípulos: *"Por eso les digo: Crean que ya han recibido todo lo que estén pidiendo en oración, y lo obtendrán"* (Marcos 11:24). Notemos que esta escritura no nos enseña a creer que *recibiremos*. ¡No! Dice que creamos que ya *hemos* recibido. Eso significa que usted debe creer que ya tiene la respuesta, incluso antes de poseerla, físicamente o mentalmente. Esto es fe.

Crea en fe

Muchas veces, las personas oran pensando que están creyendo cuando, en realidad, solo están esperando. Esperanza y fe no son la misma cosa. Pablo hizo una distinción entre ambas en 1 Corintios 13:13: *"Ahora, pues, permanecen estas tres virtudes: la fe, la esperanza y el amor"*. Si la esperanza fuese idéntica a la fe, Pablo no habría enumerado ambos términos por separado en este versículo. Sin embargo, muchas personas confunden las palabras *esperanza* y *fe*, utilizándolas de modo intercambiable. Eso es incorrecto. Usted tiene esperanza de algo que espera tener en el futuro, mientras que tiene fe en algo que reclama para usted ahora, en el presente. No puede esperar recibir de la esperanza lo que se promete solamente de la fe. Fe es lo que se requiere para la oración contestada.

Si está usted orando y esperando que Dios le conteste en algún momento en el futuro, entonces no está creyendo en fe sino en esperanza. Cuando está orando eficazmente, con fe, dice: "Dios ha respondido mi oración en el momento en que oro". ¿Está usted creyendo o esperando?

Crea para el hoy, no para el mañana

Me recuerda una historia que relató una vez Happy Caldwell. Antes de ser salvo, a él y a sus amigos solía gustarles emborracharse. Un día, iban conduciendo por una autopista en Arkansas cuando pasaron al lado de una taberna deteriorada. Un cartel en la ventana decía: "¡Cerveza gratis mañana!".

Ellos se emocionaron. Apenas podían esperar a tragarse toda aquella cerveza gratis.

Al día siguiente, regresaron a aquella vieja taberna, y el cartel seguía estando en la ventana. Salieron de su auto, pasaron por la puerta de la taberna y gritaron: "Oiga, ¡queremos cerveza gratis!".

"¿De qué están hablando?", preguntó el camarero.

Ellos señalaron al cartel. "Ustedes están anunciando cerveza gratis, a eso hemos venido".

El camarero sonrió y señaló al cartel. "Cerveza gratis ¡*mañana!*". Ellos habían sido engañados.

El diablo es como ese camarero. Siempre le hará pensar que recibirá su respuesta mañana, pero cuando llega el mañana, él dice: "Espera hasta *mañana*". Mientras esté usted esperando al mañana, el mañana nunca llega. Dios dice: "Cree que tienes la respuesta hoy, ¡AHORA!". Esto es lo que Jesús quiso decir cuando afirmó: "*Crean que ya han recibido todo lo que estén pidiendo en oración, y lo obtendrán*" (Marcos 11:24).

Si usted no está embarazado, no va a dar a luz. Muchas mujeres quieren dar a luz, pero no desean concebir o soportar nueve meses de embarazo. De igual manera, muchas personas quieren recibir respuestas a sus oraciones sin antes quedarse "embarazadas" al recibir las respuestas en su espíritu. Usted tiene que creer que tiene la respuesta en su interior. Si no lo hace, nunca "dará a luz" a la respuesta.

Regocíjese y sea agradecido mientras espera

Alguien puede preguntar: "¿Cuánto tiempo tendré que creer que tengo la respuesta antes de darle a luz y finalmente verla?". Para ser sincero, puede que tenga que esperar mucho tiempo. En lugar de preocuparse por la duración de su embarazo espiritual, sencillamente dé gracias a Dios. Yo creo que el agradecimiento lleno de gozo es una buena manera de desencadenar las "contracciones" de este proceso de nacimiento.

Algunas personas oran mucho pero son bastante negativas y pesimistas. Parecen esperar mucho tiempo antes de ver alguna respuesta a sus oraciones. Usted debe aprender a ser agradecido y estar gozoso en este momento, aunque siga sintiendo los dolorosos síntomas, incluso si el dinero no ha llegado, incluso si su cónyuge le sigue ignorando. No puede seguir según lo que ve. *"Vivimos por fe, no por vista"* (2 Corintios 5:7). Los padres que esperan un hijo no esperan a alegrarse hasta que el bebé haya nacido; comienzan a celebrar incluso antes de que el bebé sea concebido. Más adelante, después de que la concepción haya sido confirmada, el esposo podría incluso tocar el abdomen de su esposa y decir: "Siento el bebé moverse. Está pateando". Ellos son felices, aunque no puedan ver al bebé, porque saben que el bebé es real en el momento de la concepción.

La única razón de que usted no sea feliz en su vida es que no ve la sanidad, la prosperidad y otras bendiciones de Dios como algo real. Piensa en ellas solo como deseos y esperanzas, no como realidades. No son reales para usted porque no ha recibido la Palabra en el interior de su espíritu. La Palabra es la semilla. Cuando esa semilla es fertilizada dentro de su corazón, tiene lugar la concepción. Pero mientras usted intente concebir la respuesta sin la Palabra, seguirá estando desalentado.

María se regocijó inmediatamente cuando el ángel le dijo que ella daría a luz al hijo de Dios. Antes de que su cuerpo hubiera atravesado cualquier cambio como resultado de su embarazo, ella exclamó:

*Mi espíritu se regocija en Dios mi Salvador, porque se
ha dignado fijarse en su humilde sierva. Desde ahora
me llamarán dichosa todas las generaciones, porque el
Poderoso ha hecho grandes cosas por mí.*

(Lucas 1:47–49)

Solo días después de que hubiera oído en la promesa
del ángel, María ya estaba declarando con gozo que estaba
embarazada.

¿Por qué no puede usted hacer lo mismo?

Actúe como si estuviese bendecido

*"No se inquieten por nada; más bien, en toda ocasión, con oración
y ruego, presenten sus peticiones a Dios y denle gracias"* (Filipenses
4:6). Repito: debe usted presentar sus peticiones con acción de
gracias. Yo estoy agradecido por las bendiciones que he recibido.
Pero podría usted decir: "Yo no he recibido aún las bendiciones".
¿De verdad? Pensaba que usted estaba embarazado. Ha recibido
las bendiciones, y por eso debe dar gracias a Dios por lo que Él le
ha dado. Debe actuar como si estuviese bendecido.

Incluso en lo natural, aprendemos a ser agradecidos antes
de que las personas realmente completen las promesas que
nos han hecho. Por ejemplo, si alguien acude a usted y le dice:
"Quiero comprarle unos muebles nuevos", ¿cuál es su respuesta? Naturalmente, usted da las gracias a la persona, aunque
aún no haya comprado ningún mueble nuevo para usted. Le
da las gracias enseguida, y no espera a darle las gracias hasta
que los muebles hayan sido llevados a su casa. Si observa esta
práctica con sus congéneres, ¿por qué no observarla en sus
oraciones a Dios, que es fiel para suplir todas sus necesidades?
En el momento en que usted pide a Dios algo que Él le ha
prometido, debe darle las gracias enseguida, sabiendo que Él
hará lo que ha dicho que haría.

Capítulo 17

Paso cinco:
Perdonar/arrepentirse

Perdónanos nuestras deudas, como también nosotros hemos
perdonado a nuestros deudores.
—Mateo 6:12

El pequeño Johnny estaba jugando en el patio de arena con un compañero de escuela. Se estaban riendo y divirtiendo cuando el compañero de escuela le tiró arena a Johnny. Johnny se fue del patio enojado para jugar en la zona de los columpios. Menos de cinco minutos después, Johnny regresó a la arena y siguió jugando con su compañero de escuela como si nada hubiera sucedido. Así es como se comportan los niños. Puede que se ofendan unos a otros, pero pronto olvidan la ofensa y restablecen su amistad.

Jesús dijo: *"Les aseguro que a menos que ustedes cambien y se vuelvan como niños, no entrarán en el reino de los cielos"* (Mateo 18:3). Recuerde su propia niñez. Probablemente tenía peleas de gritos con sus hermanos y hermanas o con sus compañeros de escuela. Puede que se enojara con sus padres de vez en cuando. Pero es probable que también fuese rápido para perdonar, incluso si no se daba cuenta en aquel momento. Se encontraba jugando otra vez con sus hermanos y amigos, como si nada negativo hubiera sucedido jamás.

A medida que crecemos, sin embargo, perdemos la capacidad infantil de dejar pasar las ofensas cometidas contra nosotros. Somos "más mayores y más sabios", y nos aferramos a las ofensas, como si eso fuese lo "inteligente" que hacen los "adultos". En realidad, nos comportamos neciamente y con poca sabiduría.

Pablo dijo: *"Sean niños en cuanto a la malicia"* (1 Corintios 14:20). Los niños son inocentes; no son conscientes del bien y del mal. Por tanto, cuando otras personas le traten con maldad, considere sus acciones por medio de los ojos de la inocencia. En lugar de hacer rendir cuentas a esas personas por sus actos y guardar rencor contra ellas, escoja en cambio tratarlas como si fueran inocentes.

Evitar el obstáculo de la falta de perdón

No es una coincidencia que Jesús incluyera el perdón en sus instrucciones sobre cómo orar. La falta de perdón es el obstáculo número uno para la oración contestada. En otra enseñanza, Jesús dijo: *"Y cuando estén orando, si tienen algo contra alguien, perdónenlo, para que también su Padre que está en el cielo les perdone a ustedes sus pecados"* (Marcos 11:25). Cuando usted esté orando, si no ha perdonado a otros sus oraciones no funcionarán.

En la iglesia contemporánea existe un énfasis excesivo en buscar el perdón de Dios; sin embargo, lamentablemente hay poca mención sobre la importancia de perdonar a los demás. La iglesia, en todas sus denominaciones, se ha enfocado primordialmente en el perdón vertical, pedir a Dios que nos ofrezca perdón, y ha descuidado el mensaje del perdón horizontal, extender perdón y recibir el perdón de nuestros hermanos y hermanas en Cristo.

Por ejemplo, un creyente católico entra en el confesionario y se le impone cierta penitencia para compensar sus malas obras. Se piensa poco en confesar el daño y la amargura que siente hacia quienes le han ofendido. En cambio, la confesión se enfoca estrictamente en nuestra posición con Dios, con respecto a nuestros pecados personales.

La misma tendencia está sucediendo en la iglesia protestante. Incluso en la iglesia del evangelio completo donde yo crecí, no escuché mucho de mi pastor acerca de perdonar a otros. De hecho, él incluso admitía aborrecer esa parte del evangelio. Sin embargo, era un estupendo ganador de almas; constantemente hacía llamados al altar para recibir salvación, a los cuales respondían miles de personas. Pero estaba cortado por el mismo patrón que las iglesias católicas y protestantes. Para ser justo, mi pastor mencionaba la necesidad de evitar las peleas, pero no daba instrucciones concretas de perdonar a otras personas. Mientras tanto, por debajo de la superficie, miembros de mi iglesia rebosaban de resentimiento hacia quienes les habían ofendido o habían dañado sus sentimientos de alguna manera. Mientras que sin duda alguna necesitaban recibir perdón de sus pecados, su necesidad de perdonar a otros era totalmente descuidada.

Somos los productos de las enseñanzas que recibimos. Si no oímos sobre el requisito de perdonar a otros, ¿cómo podemos esforzarnos por obedecerlo? Por eso este capítulo es tan esencial. Soy consciente de la falta de enseñanza sobre la importancia de perdonar a otros. A excepción de algunos maestros de la Biblia especiales, la mayoría de líderes de iglesias pasan por alto este mandamiento vital en la Biblia, y para peligro de las almas de sus congregantes. Nadie debería sorprenderse por las oraciones ineficaces si no está dispuesto perdonar a otros.

Examine su corazón

Si mis oraciones no están recibiendo respuestas y cosechando bendiciones, lo primero que hago es examinar mi corazón para comprobar si estoy albergando resentimiento, amargura o falta de perdón contra alguien. No quiero que nada obstaculice mis oraciones, especialmente la falta de perdón.

Durante este "chequeo de corazón", la primera tarea que examino es mi relación con mi esposa. ¿He sido duro hacia ella? ¿Estoy albergando un rencor no reconocido contra ella? El apóstol Pedro advirtió a los esposos que si no trataban a sus esposas adecuadamente, sus oraciones no serían escuchadas. "*Vosotros, maridos, igualmente, vivid con ellas sabiamente, dando honor a la mujer como a vaso más frágil, y como a coherederas de la gracia de la vida, para que vuestras oraciones no tengan estorbo*" (1 Pedro 3:7, RVR).

Sus oraciones pueden ser estorbadas si no tratan a su cónyuge con sensibilidad. Esposos, ¿han sido duros con su esposa? ¿La ven desde la perspectiva de Dios? ¿Le hacen llorar y hieren sus sentimientos? Si es así, han visto los resultados: Dios sabe cómo la tratan, y Él no ha respondido sus oraciones.

Recuerde que Dios le ha perdonado

"*Sean bondadosos y compasivos unos con otros, y perdónense mutuamente, así como Dios los perdonó a ustedes en Cristo*" (Efesios 4:32). Perdonar a otros está directamente vinculado con que Dios nos perdone a nosotros. Cuando acudimos a Cristo, Dios nos perdonó todos nuestros pecados, y experimentamos su misericordia y su gracia. Jesús soportó el castigo que nosotros merecíamos para que Dios pudiera derramar sobre nosotros sus bendiciones no merecidas. No nos merecemos nada de esto. Todo es debido a la gracia de Dios. De igual manera, el éxito de nuestras oraciones está basado en la gracia.

La Biblia dice: *"Así que acerquémonos confiadamente al trono de la gracia para recibir misericordia y hallar la gracia que nos ayude en el momento que más la necesitemos"* (Hebreos 4:16). El trono de Dios es también el *"trono de la gracia"*. Es ahí donde recibimos misericordia y hayamos gracia. No se denomina un "trono de mérito". No pedimos justicia o el castigo que merecemos. Si usted desea gracia y misericordia de parte de Dios y sin embargo no extiende gracia y misericordia a los demás, se descalifica a usted mismo del privilegio de tener acceso al trono de la gracia.

El mundo no entiende el requisito del evangelio de perdonar a todos, porque no ha experimentado personalmente el perdón de Dios. Pero nosotros, como seguidores de Cristo, hemos experimentado perdón, y por eso perdonar a otros es un requisito.

Hace unos años, el fundador de Enfoque en la Familia, el Dr. James Dobson, hizo una entrevista de radio con David Works y Ronald Murray, cuyos hijos habían resultado muertos en una tragedia en la iglesia New Life en Colorado Springs, Colorado, en 2007. Las hijas de David Works, Stephanie y Rachel, recibieron disparos del hijo de Donald Murray, Matthew, en la iglesia, y murieron. Después de disparar a las muchachas y herir a otras tres, inclusive a David Works, Matthew fue herido por un oficial de seguridad de la iglesia y después se suicidó.

La entrevista fue conmovedora. Aquellos dos hombres estaban sentados directamente uno enfrente del otro cuando Dobson preguntó a David Works cómo se sentía hacia Robert Murray.

Works respondió: "Él también perdió a un hijo. No fue culpa suya".

El Dr. Dobson preguntó a Works si podría perdonar alguna vez a Matthew Murray por haber matado a sus dos hijas. Works dijo: "El perdón nunca fue una opción para mí. Era obligatorio. Hace mucho tiempo, antes de que tuvieran lugar los asesinatos, yo establecí que perdonaría a cualquiera que me ofendiese. Matthew no es una excepción".

Si alguna vez hubo alguien con una razón para estar amargado, era David Works. Pero él perdonó. Sus razones estaban claras. Él mismo había sido perdonado por todos sus pecados y, a su vez, estableció la política de perdonar a cualquiera cualquier pecado que hubiese cometido contra él. Ninguna excepción; ninguna excusa. El perdonó. Punto.

Me gusta el modo en que David Works expresó el acto de perdonar a otros como "obligatorio". En la universidad hay materias obligatorias y otras optativas. Las optativas no son un requisito; normalmente son las clases que más gustan. Sin embargo, los cursos obligatorios son los que finalmente califican para obtener las licenciaturas específicas. De modo similar, en la vida cristiana hay materias optativas, por ejemplo escoger a un cónyuge en particular, y hay materias obligatorias. Una de tales "materias" obligatorias es el perdón. No es cuestión de elección. Si usted quiere graduarse de la escuela de la oración, antes debe aprobar el examen del perdón.

Soltar las ofensas minúsculas

Muchos de nosotros nos aferramos a ofensas minúsculas. Con frecuencia es difícil creer que asuntos tan aparentemente insignificantes pudieran causar tantos problemas graves. Considere la siguiente lista de las principales razones por las cuales las personas se vuelven amargadas hacia otras:

1. *Recibir consejo no solicitado.* Esta es la razón principal por la cual las personas se ofenden. Alguien le da un consejo no solicitado, y usted se molesta. *¿Cómo se atreve a meterse en mi vida?*, piensa usted. O: *¿Quién le ha pedido su opinión?*

2. *Sentirse insultado.* Alguien hace un comentario que le hace sentirse menospreciado de alguna manera. Quizá fuese el tono de voz lo que causó ese sentimiento, o puede que se sintiera ofendido por un desprecio percibido. *No puedo creer que me sentasen tan lejos del novio y la novia*, podría pensar un invitado a una boda con indignación. *¡Bien, yo nunca!*

3. *Sentirse excluido.* Usted no fue invitado a la fiesta, y por eso se siente amargado, creyendo que su resentimiento "castigará" a la persona que le dejó fuera.

4. *Sentirse menospreciado.* Usted esperaba algo de alguien, pero no lo recibió. Se toma eso de modo personal.

5. *Sentirse traicionado.* Usted confió un secreto a alguien, y esa persona fue y se lo dijo a otro.

6. *Una promesa rota.* Alguien le prometió llevarle a un concierto pero nunca le llamó. Usted se siente rechazado o ignorado.

Lo crea o no, esas son las principales razones por las cuales las personas se ofenden y albergan amargura contra otras. Sin embargo, ninguno de los desprecios en esta lista, ya sean percibidos o reales, podría causar un grave daño físico a nadie. El daño que hacen es emocional, y se produce como resultado de la manera en que las personas reaccionan.

Entenderíamos el resentimiento en alguien que sufriera un verdadero daño, alguien a quien robasen a punta de pistola, o alguien que, como David Works, sufriera la trágica pérdida de un ser querido. Sin embargo, irónicamente, la mayoría de casos de resentimiento no surgen de experiencias legítimamente dolorosas.

Jesús ilustró la necedad de la falta de perdón en una historia sobre un sirviente a quien el rey le perdonó una deuda de millones de dólares. Inmediatamente después, el sirviente agarró por la garganta a un amigo que le debía unos cuantos dólares y demandó que le pagase lo que le debía (véase Mateo 18:23–35). Dios es el Rey que nos ha perdonado la inmensa deuda que nosotros nunca podíamos pagar; mientras tanto nosotros, cuando practicamos la falta de perdón, somos el sirviente que agarra por la garganta a las personas que nos deben unos cuantos dólares; en otras palabras, que cometen ofensas minúsculas contra nosotros, como si nos debieran millones de dólares. ¡Qué distorsionado es este modo de pensar!

Siga los mandamientos de la Biblia

"—*Padre* —dijo Jesús—, *perdónalos, porque no saben lo que hacen*" (Lucas 23:34). La excusa más común que dan las personas para no perdonar es la siguiente: "¡No me ha dicho que lo siente!". Siempre que oigo esta excusa, pregunto: "Entonces, ¿señaló los errores de esa persona, y ella se negó a arrepentirse?". Muchas personas responden: "Bueno, no, no le he dicho el modo en que me hizo daño. Sencillamente debería saberlo".

Como Jesús dijo, algunas personas "*no saben lo que hacen*".

Si alguien le ha hecho daño y sin embargo usted ni siquiera ha intentado decirle a esa persona cómo se siente, entonces no ha seguido el mandamiento de Jesús: "*Ve a solas con él y hazle ver su falta. Si te hace caso, has ganado a tu hermano*" (Mateo 18:15).

"Pero, Pastor", puede que usted proteste, "no quiero empeorar más las cosas al confrontarle".

Muy bien. Pero hasta que usted hable en privado con esa persona acerca de lo que hizo para herirle, ha perdido su derecho a hablar de cómo le ha herido. Desgraciadamente, la mayoría de personas se saltan este primer paso de la reconciliación y van directamente a sus cónyuges, amigos y familiares para contarles lo que el ofensor les hizo. Esto es un acto de falta de perdón.

Puede que usted insista: "Pero lo que me hizo estuvo mal. No puedo quedarme callado al respecto". Entonces, repito, hable a esa persona en privado. La mayoría de personas se arrepentirán cuando se ven confrontadas con sus errores. Si usted no está dispuesto a dar este primer paso, no tiene derecho a dar ningún otro paso. ¡No puede saltarse este paso!

Incluso si ha dado todos los pasos que la Biblia bosqueja con respecto a la reconciliación (véase Mateo 18:15–17), y el individuo que le hizo daño se niega a arrepentirse, aún así tiene que perdonarle por causa de su propia alma. Recuerde: ¡Dios no le perdonará a usted si no perdona a los demás! ¿Y por qué debería usted permitir que una persona no arrepentida le robe la paz y el poder con Dios? No permita que la falta de perdón evite que sus oraciones sean contestadas.

Evitar el obstáculo del pecado abrigado

"Si en mi corazón hubiera yo abrigado maldad, el Señor no me habría escuchado" (Salmos 66:18). Ahora pasamos al asunto de nuestro propio pecado, el cual tratamos mediante el "perdón vertical". Dios no nos escuchará si "abrigamos" pecado en nuestro corazón. Notemos que este versículo no dice que Dios no escuchará nuestras oraciones si pecamos. Si ese fuera el caso, ninguna de nuestras oraciones sería contestada

jamás. No, dice: "*Si en mi corazón hubiera yo abrigado maldad*". La palabra *abrigar* significa "ocuparse de" o "deleitarse
en". Es proteger algo; tenerlo en alta estima. En las bodas más
tradicionales, los votos que el novio y la novia se intercambian
incluyen la afirmación: "Prometo amarte, honrarte y *abrigar-
te*". Abrigar a alguien es mantener a esa persona en el más
elevado favor y estima.

Arrepentirse verdaderamente

Si alguien "abriga" pecado en su corazón, hará cualquier
cosa para proteger su derecho a seguir pecando, y puede que
incluso haga alarde de sus pecados. Este tipo de persona, que
desobedece a Dios a propósito, no debería esperar que sus
oraciones sean contestadas.

Por otro lado, los pecadores que aborrecen su propio
pecado, quienes se arrepienten de la conducta de pecado,
pueden descansar seguros en que Dios oye sus oraciones. Es
totalmente posible pecar y, al mismo tiempo, aborrecer precisamente el pecado cometido. Pablo describió esta experiencia en Romanos 7:15: "*Pues no hago lo que quiero, sino lo que
aborrezco*".

Algunas personas pecan debido a adicciones y compulsiones aparentemente por encima de su control. Puede que
actúen impulsivamente y cometan un pecado, solo para la-
mentarlo después. Estas personas, que no están orgullosas de
los pecados que cometen, pueden confiar en que Dios abrirá
sus oídos a sus oraciones por liberación.

El Rey David es un buen ejemplo de alguien que abri-
gaba pecado. Él deseó a su vecina casada, Betsabé, cometió
adulterio con ella y después intentó encubrirlo, pero eso fue
difícil de hacer, ya que ella había concebido un hijo como
resultado de su relación. Por tanto, él arregló las cosas para

que su esposo fuese asesinado y después se casó con Betsabé. Ella dio a luz a un hijo, que pronto se puso enfermo. David oró intensamente por la recuperación del niño; sin embargo, aunque David era un hombre según el corazón de Dios (véase Hechos 13:22), Dios no intervino y el niño murió.

El problema estaba claro: el Rey David había abrigado lujuria por Betsabé en su corazón. No quiso que nadie orase con él con respecto a su debilidad; no buscó ayuda ni liberación hasta que su hijo ya fue concebido y nació. Dios no intervino para salvar al niño de la enfermedad porque las acciones de David habían hecho que sus enemigos mostrasen desprecio por Israel y por su Dios (véase 2 Samuel 12:13–14). Como resultado, David finalmente sufrió las consecuencias de su pecado.

Pida a Dios que examine su corazón

Aquí está un salmo adecuado para orar cuando usted no esté seguro de si está abrigando o aborreciendo su pecado, el cual fue escrito por David:

> *Examíname, oh Dios, y sondea mi corazón; ponme a prueba y sondea mis pensamientos. Fíjate si voy por mal camino, y guíame por el camino eterno.*
> (Salmos 139:23–24)

No confíe en sus propias capacidades para descubrir cualquier pecado oculto en su vida, porque eso solo causaría que llegue estar inundado de culpabilidad y frustrado. En cambio, permita que el misericordioso Señor examine su corazón. Pídale que señale cualquier ofensa que usted pueda haber cometido, en palabra, pensamiento u obra. Puede estar seguro de que si Él encuentra algo, obrará para purificarle de ello. No tenga temor a sus métodos purificadores, porque Él tiene una manera de limpiarnos sin hacernos daño.

La petición final de David fue la siguiente: *"Guíame por el camino eterno"*. Esta es la mayor petición que hacer. Todas las oraciones deberían señalar en esta dirección. Cuando usted desea vida eterna más que ninguna otra cosa, es dudoso que abrigue pecado por mucho tiempo. Finalmente, se arrepentirá de ello y, cuando lo haga, sus oraciones serán contestadas.

Capítulo 18

Paso seis: Participar en la guerra espiritual

Y no nos dejes caer en tentación, sino líbranos del maligno.
—Mateo 6:13

La palabra traducida como *"maligno"* en el versículo anterior es un nombre personal. Significa "el diablo," que es como la *Traducción en lenguaje actual* traduce el término. Dios no es el tentador sino el libertador. Muchas veces, sin embargo, cuando parece que nuestras oraciones están tomando mucho tiempo para ser contestadas, puede que seamos tentados a pensar que Dios está reteniendo la respuesta. En muchos casos, sin embargo, no es Dios quien está evitando que llegue la respuesta; es el diablo.

El diablo seguirá aumentando los síntomas mientras usted ora por salud.

El diablo seguirá evitando que el dinero llegue mientras usted ora por prosperidad.

El diablo mantendrá las peleas en su matrimonio mientras usted ora por armonía.

El diablo mantendrá su mente oprimida mientras usted ora por liberación.

El diablo mantendrá su corazón deprimido mientras usted ora por gozo.

El diablo evitará que su congregación crezca mientras usted ora por aumento.

Si quiere ver sus oraciones contestadas, debe derrotar al diablo. Cuando haya hecho todo lo que sabe hacer, y aún así sus oraciones no estén recibiendo respuesta, ¡debe luchar contra el maligno!

Derrotar al hombre fuerte

"Cuando un hombre fuerte y bien armado cuida su hacienda, sus bienes están seguros" (Lucas 11:21). Hay tres cosas que usted debe hacer para proteger sus posesiones en Cristo:

1. Debe ser usted más fuerte que Satanás.

2. Debe estar bien armado contra él.

3. Debe guardar su propia casa.

En una pelea, el oponente más fuerte normalmente gana. Eso significa que debe usted ser más fuerte que Satanás si quiere derrotarle. ¿Cómo puede ser más fuerte que Satanás?

> *…Les he escrito a ustedes, jóvenes, porque son fuertes, y la palabra de Dios permanece en ustedes, y han vencido al maligno.* (1 Juan 2:14)

"Jóvenes" es una referencia a los nuevos creyentes. Incluso un nuevo creyente puede llegar a ser más fuerte que Satanás. El apóstol Juan les dijo, y también le dice a usted: *"Porque son fuertes"*. Y debido a que usted es fuerte, puede vencer al maligno. ¿Cómo llega a ser fuerte un nuevo creyente? Dios nos dijo en la mitad de este versículo: *"La palabra de Dios permanece en ustedes"*. Esa es la clave. La Palabra de Dios es más fuerte que Satanás.

Yo solía ver la caricatura *Popeye el Marino* cuando era niño. Popeye no era más fuerte que los demás; era un marinero común, hasta que se comía sus espinacas. Siempre que se tragaba una lata de espinacas, se volvía más fuerte que nadie. Esa es una buena manera de ilustrar la fuerza del nuevo creyente. Puede que no seamos más fuertes que cualquier otra persona. Y por nosotros mismos, sin duda no somos más fuertes que Satanás, que comenzó como un ángel. Aunque se convirtió en un ángel caído, retuvo parte de su poder y sus capacidades. Como tal, él es mucho más fuerte de lo que nosotros somos en la esfera natural. Sin embargo, cuando nos alimentamos de la Palabra de Dios nos volvemos más fuertes que Satanás. Un puñetazo con nuestra mano puede enviarle al otro lado del océano. Pero somos más fuertes que Satanás solamente cuando nos hemos comido nuestras "espinacas": la Palabra de Dios.

Coma sus "espinacas": la Palabra de Dios

Sin una dieta regular de la Palabra de Dios, usted es vulnerable a los ataques del maligno, y es seguro que saldrá derrotado. *"Si en el día de la aflicción te desanimas, muy limitada es tu fortaleza"* (Proverbios 24:10). Una señal de poca fortaleza espiritual es desanimarse en los momentos de dificultad. Desanimarse es tropezar o abandonar por completo. La palabra también conlleva en ella la idea de caer bajo la presión.

Los problemas llegarán a su camino, en todos los ámbitos de la vida: su familia, su hogar, su trabajo, su iglesia y en cualquier otra parte. Y lo que usted hará en medio de los problemas es lo que indica su fortaleza espiritual. La vida es un 10 por ciento lo que le sucede y un 90 por ciento cómo reacciona usted a ello. Si habla negativamente o reacciona por temor, es una señal de que su fortaleza espiritual es pequeña; no ha estado comiéndose sus "espinacas". Sin embargo, si salen alabanzas de su corazón y sus reacciones a la adversidad están basadas en la fe, entonces su fortaleza es grande.

Acabo de terminar de leer la historia del hermano Yun, un creyente chino que ha sufrido una enorme persecución a causa de su fe: ha sido encarcelado, golpeado hasta el punto de la muerte, escupido, le han orinado y defecado, y han abusado de él de todas las maneras posibles. Sin embargo, en todo eso él ha mantenido con alegría su fe en la bondad de Dios. A medida que leía su historia, no podía evitar pensar en el inmenso número de cristianos estadounidenses que abandonan su gozo y su fe en la bondad de Dios ante los problemas más insignificantes. Esas personas abandonan simplemente porque se les ha clavado una uña del dedo del pie. Tiran la toalla de su matrimonio porque su cónyuge trabaja demasiado. Se irán de la iglesia a la que han estado asistiendo porque no les gusta una persona en particular. Terminan al borde del suicidio si pierden su empleo o si su novio o su novia rompe con ellos.

Cuando alguien es rápido en abandonar cuando llegan los problemas, eso muestra lo poco que la Palabra de Dios significa para esa persona. No se ha estado comiendo sus espinacas. La Palabra no vive en ella. No es suficiente solo con oír la Palabra predicada en su iglesia los domingos; debe tener usted la Palabra *viviendo en su interior*. Para que esto suceda, necesita dar a Dios el primer lugar en su vida y hacer que su principal prioridad sea el estudio de su Palabra. Nada debería significar más para usted que la Escritura. La opinión que tenga alguna persona nunca debería sobreponerse a lo que enseña la Palabra; ninguna circunstancia debería evitar que usted siga la Palabra. Ninguna tentación debería atraerle a desobedecerla. Nada debería moverle, porque la Palabra de Dios vive en usted.

Estar bien armado

El segundo paso para edificar fortaleza espiritual y sobreponerse a Satanás es armarse bien usted mismo, según las instrucciones del apóstol Pablo:

> *Por último, fortalézcanse con el gran poder del Señor. Pónganse toda la armadura de Dios para que puedan hacer frente a las artimañas del diablo. Porque nuestra lucha no es contra seres humanos, sino contra poderes, contra autoridades, contra potestades que dominan este mundo de tinieblas, contra fuerzas espirituales malignas en las regiones celestiales.* (Efesios 6:10–12)

Nuestra verdadera batalla en oración no es contra un cónyuge que no es creyente. Un hijo desobediente, un partido político o una iglesia cercana que parece estar atrayendo mayores multitudes los domingos en la mañana. Nuestra batalla es con el diablo y *"fuerzas espirituales malignas"*. El modo en que nos defendamos contra esas fuerzas es poniéndonos *"toda la armadura de Dios"*.

La armadura de Dios es mayor que cualquier arma que Satanás tenga a su disposición. El arsenal de armas de Satanás incluye pecado, condenación, enfermedad, carencia, desánimo, temor, depresión, ansiedad, y otras cosas. Pero la armadura de Dios nos permite soportar cualquiera de las maquinaciones de Satanás.

Pensar en la armadura de Dios siempre me recuerda la primera vez que vi la película *Raiders of the Lost Ark* (*Indiana Jones y los Cazadores del Arca Perdida*) en un cine. En una de las escenas, Indiana Jones se encuentra con un corpulento hombre vestido con un manto negro que tiene intención de matarle. El hombre le lanza una maligna sonrisa y comienza a batir un gran sable de un lado a otro con facilidad letal.

Indiana Jones no tiene ninguna espada. Cada persona que había en el cine estaba juntamente conmigo al borde de su asiento, preguntándose cómo nuestro héroe escaparía a esa situación delicada. A medida que la escena continúa, Jones simplemente da un profundo suspiro, saca una pistola y dispara al amenazante enemigo. En ese momento, la audiencia explotó en risas. Quedamos asombrados por una solución tan sencilla y a la vez tan eficaz.

Del mismo modo, la armadura de Dios sobrepasa a cualquier arma que haya en el arsenal del diablo. El asunto para el creyente es asegurarse de ponerse toda la armadura de Dios. No le hará ningún bien dejar su armadura colgada en el armario. ¡Es para que se la ponga y la utilice!

El cinturón de la verdad

Manténganse firmes, ceñidos con el cinturón de la verdad.... (Efesios 6:14)

En tiempos bíblicos, el cinturón de un soldado tenía extensiones para armas, como cuchillos y espadas. Para blandir una espada, el soldado antes tenía que llevar puesto su cinturón, donde mantenía esa arma en particular. Al igual que en el punto de comienzo de la guerra física estaba el cinturón del soldado, el lugar de comienzo de la guerra espiritual es *"el cinturón de la verdad"*. La única manera de blandir cualquier arma espiritual con éxito es primero estar ceñido con el cinturón de la verdad, o estar arraigado en la verdad. Ese estar arraigado es crucial si queremos reconocer la maquinación número uno del diablo, que es el engaño.

El diablo comienza todo ataque mintiendo. Jesús le llamó *"el padre de la mentira"* (Juan 8:44). Sin embargo, sus planes engañosos no son rival para el poder del Espíritu Santo en nuestras vidas. Por tanto, no hay necesidad de permanecer contra el diablo en su propio poder. La única influencia verdadera que Satanás puede ejercer sobre usted es el engaño mediante sus maquinaciones. Por eso la verdad es más importante que el poder. Muchos creyentes siguen orando para tener más poder, cuando lo que en realidad necesitan es más *sabiduría*, porque la sabiduría está basada en la verdad. Cuando usted conoce la verdad, no caerá en las mentiras de Satanás.

Algunas de las falsedades favoritas de Satanás son que Dios no es digno de confianza y que su Palabra no es verdadera. No es ninguna coincidencia que las Escrituras se sitúen bajo ataque con mayor frecuencia que la persona de Cristo. Muchas personas dicen, por ejemplo: "Yo creo en Cristo, pero tengo dudas sobre la Biblia". Lo que olvidan es que la Biblia es el medio mediante el cual llegamos a conocer a Cristo. No podemos separar ambas cosas. En Jesús, *"el Verbo se hizo hombre y habitó entre nosotros"* (Juan 1:14). No puede usted tener éxito en la guerra espiritual si duda de la Biblia. La Biblia es la Palabra de Dios, y es verdad.

La coraza de justicia

...protegidos por la coraza de justicia.... (Efesios 6:14)

Justicia es una relación correcta con Dios. Con la justicia, usted tiene derecho. Si los padres fundadores de nuestra nación hubieran utilizado terminología del inglés antiguo, la Carta de Derechos habría sido denominada Carta de Justicia. Sin embargo, usted pierde su sentimiento de confianza para reclamar sus derechos cuando se siente culpable. La culpabilidad es una gran enemiga de la oración eficaz. La Escritura llama a Satanás *"el acusador de nuestros hermanos"* (Apocalipsis 12:10). Él maquina hacernos pensar que Dios no nos ha perdonado. Por eso es esencial ponernos la coraza de justicia. Al hacer esto, se recuerda a usted mismo que Dios ha perdonado sus pecados y le considera recto delante de sus ojos. Cuando se pone la coraza de justicia, ¡deja de quedarse en sus errores del pasado!

Algunas personas cometen el error de equiparar su justicia, la cual ha sido impartida por Dios, con actos de "justicia" que ellos han realizado. Aunque la conducta justa es elogiable, incluso nuestras mejores acciones están manchadas por el pecado, como lo expresó el profeta Isaías: *"Todos nuestros actos de justicia son como trapos de inmundicia"* (Isaías 64:6). No hay nada que podamos hacer, en nuestra propia capacidad, para hacernos ser rectos delante de un Dios santo. La justicia es un don, y viene solamente de Él.

> *Ahora bien, cuando alguien trabaja, no se le toma en cuenta el salario como un favor sino como una deuda. Sin embargo, al que no trabaja, sino que cree en el que justifica al malvado, se le toma en cuenta la fe como justicia.* (Romanos 4:4–5)

Hay dos maneras de recibir dinero. Puede usted ganarlo, o puede recibirlo como un regalo. La justicia obra de la misma manera. Pablo escribió de dos tipos de justicia: una viene de las obras del hombre, y la otra es un don de Dios. Sin embargo, el hombre nunca puede realizar suficientes obras de justicia para estar en una buena posición delante de Dios. La única razón de que un hombre pueda ser justo ante los ojos de Dios se debe a la obra redentora de Jesús en la cruz. *"Al que no cometió pecado alguno, por nosotros Dios lo trató como pecador, para que en él recibiéramos la justicia de Dios"* (2 Corintios 5:21). La justicia verdadera es un don de Dios, y nuestra tarea es recibirla. Sin embargo, si usted insiste en basar su justicia en la conducta recta, entonces batallará con una conciencia culpable debido a los pecados que inevitablemente cometerá. Y una conciencia culpable evita que ore usted con confianza. Por tanto, debe ponerse la coraza de justicia, el tipo de justicia que viene de Dios, a pesar y debido a los pecados que usted ha cometido.

El evangelio de la paz

> *Y calzados los pies con el apresto del evangelio de la paz.* (Efesios 6:15, RVR)

El calzado puede que no parezca una gran arma, pero intente marchar a la batalla sin él. Pablo nos estaba alentando estar preparados para compartir nuestra fe siempre que Dios nos dé una oportunidad de hacerlo. Compartir el evangelio con otros puede que no parezca una táctica de guerra espiritual, pero lo es. Cuando usted comparte el evangelio, saca a las personas de la oscuridad y las lleva a la luz.

"*Para que la participación de tu fe sea eficaz en el conocimiento de todo el bien que está en vosotros por Cristo Jesús*" (Filemón 1:6, RVR). Cuanto más activos seamos al compartir nuestra fe con otros, más plenamente entenderemos todo el bien que tenemos en Cristo. Puedo testificar de la validez de esta verdad. Algunas de las mayores revelaciones que yo he recibido jamás me han llegado mientras estaba predicando el evangelio. No lo digo para sonar pomposo, pero he crecido significativamente mediante mi propia predicación. Y esto es cierto para cualquiera que pase mucho tiempo compartiendo el evangelio de la paz. Cuanto más predique, más aprende.

Otra cosa debería ser mencionada aquí. Pablo nos instruyó para que nuestros "*calzados*". No todos llevamos el mismo "número de calzado". Creo que necesitamos aprender a compartir el evangelio en nuestro propio número de calzado:

según nuestro propio estilo único. En lugar de intentar copiar a otras personas, sea usted mismo cuando comparte la Palabra. No intente ser Billy Graham o Kenneth Copeland. Sea sencillamente la persona que Dios creó, y llegará a la audiencia para la cual fue usted formado.

El escudo de la fe

> *Además de todo esto, tomen el escudo de la fe, con el cual pueden apagar todas las flechas encendidas del maligno.* (Efesios 6:16)

El diablo está a la ofensiva, y le enviará pruebas y tribulación. Y la única manera de vencer esas pruebas y tribulaciones es mediante la fe. Fe es la expectación positiva de que Dios va a hacer algo que usted desea. Es "*la garantía de lo que se espera, la certeza de lo que no se ve*" (Hebreos 11:1). Usted necesita esta expectación positiva, especialmente cuando el enemigo está lanzando sus flechas encendidas en dirección a usted. Esas flechas puede que tomen la forma de enfermedad, pobreza, dificultad u otros problemas. Pero, por medio de la fe, puede usted desviar esas flechas y apagarlas. El fuego será apagado, y usted triunfará. La clave es resistir la inclinación a ceder ante el temor y esperar que suceda lo peor.

Una mentalidad negativa le da a Satanás ventaja sobre usted. Causa un daño generalizado, parecido al que es causado por una flecha encendida. Por sí misma, una flecha común es ineficaz si no da en su objetivo. Enciéndala con fuego, sin embargo, y es probable que prenda cualquier cosa que golpee: un tejado de madera, por ejemplo. Pronto, el fuego se extiende hasta las casas vecinas, al igual que una mala actitud tiende a ser transmitida de una persona a la siguiente. Si usted persiste en sus expectativas negativas, las flechas de Satanás no ahorrarán tiempo a la hora de quemar otras áreas de su vida, al igual que de las vidas de otros. Yo he visto a personas perder mucho más que solamente ingresos después de haber sido despedidos de sus empleos, todo debido a una mentalidad negativa: su salud, su matrimonio y mucho más. Todo se desploma cuando usted espera lo peor. Por tanto, tome el escudo de la fe y apague las flechas del enemigo.

El amor como coraza

[Pongámonos]…*la coraza de la fe y del amor….*
(1 Tesalonicenses 5:8)

La fe y el amor trabajan juntos. No debería ejercitar una actitud de fe solamente para su propia vida; es crucial tener una actitud llena de fe hacia las situaciones de sus hermanos y hermanas en Cristo también. Ahí es donde entra el amor. Debe buscar lo mejor en cada persona. Al igual que cree que sucederá lo mejor en su vida, debe hacer lo mismo con respecto a las vidas de otros. Esto es amor.

Imagino que pocas personas considerasen el amor como un arma espiritual; sin embargo, el amor es la mayor arma de todas. Cuando usted ama a otros y les trata del modo en que le gustaría ser tratado, Satanás no puede atacarle. Si ama a sus enemigos, tal como Jesús le ordenó que hiciera (véase Mateo 5:44; Lucas 6:27, 35), apagará las flechas encendidas del diablo.

Pablo lo resumió bien en su carta a los Romanos:

Antes bien, "Si tu enemigo tiene hambre, dale de comer; si tiene sed, dale de beber. Actuando así, harás que se avergüence de su conducta". No te dejes vencer por el mal; al contrario, vence el mal con el bien.
(Romanos 12:20–21)

El casco de la salvación

Tomen el casco de la salvación….   (Efesios 6:17)

Protegidos…por el casco de la esperanza de salvación.
                                        (1 Tesalonicenses 5:8)

De todas las heridas en el cuerpo, las más graves se producen en la cabeza. Por eso un casco es la parte más importante de un equipo protector que usted puede ponerse en situaciones potencialmente peligrosas. De igual manera, las peores heridas espirituales se producen en la cabeza, concretamente en la mente, en especial cuando una persona que es salva piensa que ha perdido su salvación.

Annabelle estaba perdiendo el juicio porque pensaba que había perdido su salvación. Una voz en su cabeza le decía una y otra vez que maldijera al Espíritu Santo. A medida que se fue hundiendo cada vez más profundamente en la depresión, pronunció una oración: "Me gustaría que el Espíritu Santo no existiera".

Después de eso, se volvió temerosa y paranoide pensando que iba a perder su vida e ir al infierno. Entonces, asistió a un retiro, donde escribió una nota en una hoja de papel: "Espero que Dios envíe a alguien para decirme que Dios me ama". El tercer día del retiro, un hombre al que Annabelle nunca había conocido le dijo: "¿Sabías que Dios te ama?". Justamente entonces, la atadura se rompió en su vida. Ella fue libre.

El temor a perder la salvación sumerge a muchas personas en las profundidades de la desesperación. Cada semana recibo cartas de personas que me dicen que han cometido "el pecado imperdonable". Muchas de ellas tienen problemas psiquiátricos. Es fácil ver cómo se producen "heridas en la cabeza" cuando las personas dudan de su salvación. En estos casos, las heridas en la cabeza adoptan la forma de enfermedad mental. Sin embargo, esas enfermedades mentales son evitables, al igual que las heridas físicas en la cabeza con frecuencia son evitables. El modo de protegerse de perder sus cabales de esta manera es afirmar siempre su salvación. Sepa que una vez que ha sido salvo, permanecerá salvo. Afirme esta verdad tan frecuentemente como pueda, incluso si significa llevar un casco físico como recordatorio.

La espada del Espíritu

> *Tomen...la espada del Espíritu, que es la palabra de Dios.*   (Efesios 6:17)

La espada del Espíritu es su única arma ofensiva. En última instancia, debe estar usted a la ofensiva. No siempre puede estar luchando contra Satanás e intentando mantener su terreno. Tiene que avanzar y tomar *su* terreno, y lo hace al declarar la Palabra de Dios. La espada del Espíritu salía de la boca de Jesús, como leemos en Apocalipsis 1:16: "*En su mano derecha tenía siete estrellas, y de su boca salía una aguda espada de dos filos*". Así es como usted lucha a la ofensiva en la guerra espiritual. Usted *declara* la Palabra de Dios.

Declarar la Palabra de Dios es lo más valioso que puede hacer en medio de una batalla espiritual. Recuerde que Jesús declaró la Palabra de Dios cuando fue tentado por Satanás en el desierto (véase, por ejemplo, Lucas 4:1–12). La diferencia entre tener la Palabra en su *corazón* y tener la Palabra en su *boca* es el compromiso. Usted hace un firme compromiso con su boca. Si está casado, hizo un compromiso al declarar los votos de prometer su fidelidad a su cónyuge. Cuando declara la Palabra de Dios, se compromete a creerla y ponerla en práctica hasta el final. Muchos, sin embargo, no se comprometen a permanecer en la Palabra de Dios. Su confesión negativa traiciona la Palabra que hay en sus corazones.

Cuando las respuestas a la oración parece que toman mucho tiempo, muchos creyentes alteran su petición o la descartan por completo. Si parece que una oración por sanidad no se ha materializado, por ejemplo, dicen: "Bueno, supongo que tendré que aprender a vivir con esta enfermedad hasta que muera". En lugar de hacer una confesión negativa, deberían confesar la Palabra de Dios y decir algo como: Por las llagas de Jesús sanado. Esta enfermedad no terminará en muerte. Viviré y declararé la gloria del Señor (véase 1 Pedro 2:24; Salmos 118:17). Su confesión positiva y llena de fe que está basada en la Palabra de Dios le mantiene a la ofensiva. A su tiempo, los ataques de Satanás no causarán mayor daño, y el daño que ya ha sido causado será eliminado.

Guardar su casa

El último punto que Jesús estableció en Lucas 11 con respecto a nuestra guerra con el diablo es que cuando el hijo de Dios *"cuida su hacienda, sus bienes están seguros"* (Lucas 11:21).

La Biblia nos da muchas imágenes del pueblo de Dios, retratándolos como una asamblea legislativa, una familia, un templo, una novia, una ciudad, y muchas otras. Una de las imágenes más sorprendentes es la de un ejército en la batalla. Sin embargo, esta analogía deja al descubierto un gran error entre muchos creyentes sinceros que suponen que Dios causa o permite cada acontecimiento que sucede en sus vidas, y por eso no hacen nada para cambiar sus circunstancias. Si esas personas perciben que sus oraciones no están siendo contestadas, suponen que Dios no debe de querer contestarlas. No entienden que el diablo está detrás de ese retraso. Satanás hará todo lo que esté en sus manos para obstaculizar que la voluntad de Dios sea cumplida en sus vidas.

Por ese motivo debe usted "cuidar su propia casa" de los ataques del enemigo. La primera instrucción de Dios a Adán en el huerto de Edén fue que *"lo cultivara y lo cuidara"* (Génesis 2:15). La palabra hebrea para *cuidar* es *shamar*, que significa "mantener", "guardar" u "observar". Esta palabra conlleva la implicación de que un enemigo existe que intentará robar a Adán su lugar en el huerto, y que Adán no debe rendirlo. Desde luego, sabemos que el diablo tuvo éxito cuando tentó a Adán y Eva a pecar, lo cual dio como resultado que fueran expulsados del huerto. Adán y Eva perdieron la herencia que Dios había querido que disfrutaran.

El diablo intenta hacer lo mismo con usted. Intenta conseguir que pierda usted su herencia, y lo hace intentando convencerle de que no se tome en serio la guerra espiritual. Quiere que usted se vuelva pasivo y acepte cualquier cosa que sucede como voluntad de Dios en lugar de entablar una pelea permaneciendo en las promesas de Dios, tal como se dice en su Palabra.

No sea adormecido para creer este engaño. Guarde su casa y proteja su herencia.

Suponga que oye llamar a su puerta y, cuando abre, un hombre se mete dentro con un carrito y comienza a cargar sus muebles. ¿Se quedaría usted simplemente mirando y dejando que se llevara todas sus cosas? ¡Desde luego que no! Usted diría: "Oiga, ¿qué se cree que está haciendo? Esta es mi casa y mis muebles. ¡Salga de aquí!".

Sin embargo, el diablo llega e intenta llevarse todas las posesiones y promesas que Dios nos ha dado. Demasiadas veces nos quedamos sentados y se lo permitimos, a la vez que nos decimos a nosotros mismos: *Bueno, el Señor dio y el Señor quitó* (véase Job 1:21). ¡No! Jesús nos dijo que orásemos: *"Líbranos del maligno"* (Mateo 6:13). Al decir esto, reconocemos la existencia de un diablo que se opone a nosotros. Y si le reconocemos, ¿no deberíamos intentar luchar contra él?

No permita que el diablo le pisotee. ¡Entable una lucha! ¡Mantenga su territorio! Sencillamente porque aún no haya recibido una respuesta a su oración, no significa que nunca llegará. Si usted está firme sobre una promesa de Dios, manténgase fuerte y pelee; verá la respuesta en el momento perfecto de Dios.

"Tal como le prometí a Moisés, yo les entregaré a ustedes todo lugar que toquen sus pies" (Josué 1:3). Dios le ha hecho muchas promesas a usted pero, como Josué, usted debe poner sus pies sobre ellas. Debe reclamarlas. Josué tuvo que luchar contra enemigos que intentaban mantenerle fuera de la Tierra Prometida. Él derrotó al pueblo de Jericó, Hai, y muchos otros.

Con demasiada frecuencia, los cristianos se cansan de luchar y se vuelven pasivos. Quieren que todo llegue fácilmente. Nunca desarrollará usted una vida de oración eficaz hasta que edifique un espíritu luchador que persevere en toda batalla espiritual.

Conclusión

Cómo orar el Padre Nuestro

En las páginas anteriores, usted ha descubierto lo que me llevó décadas descubrir acerca de la oración. Desde luego, estuve sobre los hombros de gigantes en la fe, de los cuales aprendí perlas de verdad acerca de cómo orar exitosamente. Este libro representa el conocimiento y la experiencia acumulados que aprendí de algunos de los más grandes maestros de la Palabra. Gracias a la sabiduría de quienes nos han precedido, usted tiene la oportunidad de aprender más sobre la oración en esta única fuente de lo que anteriores generaciones podrían haber esperado aprender. No permita que se desperdicie. Permítame ofrecerle algunos pensamientos finales sobre la oración.

La oración debe ser una comunicación en dos sentidos. No se trata solamente de hablarle a Dios; también se trata de permitir que Él le hable usted. En una conversación en dos sentidos es mejor permitir que la persona más inteligente sea quien más hable. Dios es infinitamente más inteligente que usted, y por eso haría bien en permitirle que domine la conversación. Esto significa que debería pasar más tiempo leyendo su Palabra que hablándole a Él. Jesús dijo: "*Si permanecen en mí y mis palabras permanecen en los que, digan lo que quieran, y se les concederá*" (Juan 15:7). Una clave para la oración exitosa es meditar continuamente en la Palabra de

Dios. Yo paso más tiempo estudiando la Palabra y oyendo de parte de Dios por medio de ella del que paso hablándole a Dios. Entrar en la Palabra es parte de la oración, y por eso debe usted incluir esta práctica como parte de su tiempo de oración.

Tome el consejo de Salomón: *"No te apresures, ni con la boca ni con la mente, a proferir ante Dios palabra alguna; él está en el cielo y tú estás en la tierra. Mide, pues, tus palabras"* (Eclesiastés 5:2). Jesús advirtió contra las *"vanas repeticiones"* (Mateo 6:7, RVR). Él dijo: *"Y al orar, no hablen sólo por hablar como hacen los gentiles, porque ellos se imaginan que serán escuchados por sus muchas palabras"* (Mateo 6:7). Oraciones largas y verbosas no son necesarias para captar la atención de Dios. Para ser oído por Dios solo se necesita una apelación sincera y honesta que esté basada en sus promesas.

Eso no es una excusa para descuidar los tiempos largos de oración, sin embargo. Se sabía que Jesús pasaba toda la noche en oración (véase Lucas 6:12). Alguien podría preguntarse cómo es posible pasar ni siquiera una hora en oración, y menos toda una noche. No es difícil de hacer cuando se tiene un programa de oración, un esquema, por así decirlo, para guiar sus palabras. Y eso es lo que Jesús nos dio exactamente en el Padre Nuestro. Exploramos aspectos del Padre Nuestro como la base de los "Pasos para la oración contestada" en la parte III. Ahora veremos varias partes de la oración de Jesús como una guía para nuestros tiempos de oración personal.

Ustedes deben orar así: "Padre nuestro que estás en el cielo, santificado sea tu nombre, venga tu reino, hágase tu voluntad en la tierra como en el cielo. Danos hoy nuestro pan cotidiano. Perdónanos nuestras deudas, como también nosotros hemos perdonado a nuestros deudores. Y no nos dejes caer en tentación, sino líbranos del maligno, porque tuyos son el reino y el poder y la gloria para siempre. Amén". (Mateo 6:9–13)

En el Padre Nuestro, Jesús nos dio una serie de sencillas y memorables frases para resumir los temas que deberíamos cubrir en oración. Esta oración, tal como Él la enseñó a sus discípulos, está formada por poco más de setenta palabras que no lleva más de un minuto pronunciarlas en su totalidad. Pero Jesús no quiso que orásemos apresuradamente o por rutina. Más bien, el Padre Nuestro tenía intención de ser algo más parecido a un archivo comprimido en una computadora, si puede usted aceptar la comparación anacrónica. Un archivo comprimido comprime datos en la computadora de modo que ocupan menos espacio en ella. Los archivos comprimidos, sin embargo, no pueden leerse tal como están. Debe usted tener un programa que los "abra" y le otorgue acceso a su contenido. De modo similar, el Padre Nuestro está comprimido. Usted debe "abrir" la oración a fin de dejar salir su abundante tesoro de verdades.

Los cinco "destinos" del Padre Nuestro

En el popular programa de televisión *The Amazing Race* [La carrera increíble], los participantes van por todo el mundo a destinos remotos utilizando varios medios de transporte. En el Padre Nuestro hay cinco destinos, cada uno de los marcados por una breve frase. En cada uno de esos destinos usted puede hacer un profundo recorrido de las grandes verdades que están detrás de las breves palabras utilizadas para identificarlas. Usted no vive solamente en esas palabras concretas más de lo que vive en el aeropuerto de una ciudad. Usted sale de la terminal y explora las estupendas vistas a su disposición. Con el Padre Nuestro, usted desembarca de las palabras y explora sus significados. Puede pasar horas en cada destino.

Es así como desarrolla una vida de oración significativa que perdurará a lo largo de los años.

Primer destino: "Padre nuestro"

El Padre Nuestro comienza: *"Padre nuestro que estás en el cielo, santificado sea tu nombre"* (Mateo 6:9). Los católicos simplemente denominan el Padre Nuestro "Padrenuestro" o "Paternoster" en latín. Yo en realidad creo que eso es bueno, pues nos recuerda a quién estamos orando. Muchos ven a Dios como el Creador, pero Jesús hizo que fuese más personal. Él es nuestro Padre. ¡Qué íntimo! Usted puede pasar gran parte de su tiempo de oración tan solo dando gracias a Dios por la bendición de haber nacido de nuevo y poder llamarle "Padre". Un padre se ocupa de sus hijos. Un padre tiene la responsabilidad de proveer para las necesidades de todos sus hijos. En esta breve frase, *"Padre nuestro"*, Jesús dijo mucho acerca de Dios. Nuestro Dios se siente responsable de nosotros, sus hijos, y suplirá todas nuestras necesidades.

La siguiente frase nos recuerda al Dios santo, o nombre *"santificado"*. Los nombres revelan mucho sobre el carácter de una persona. Si usted conoce a alguien llamado "Dr. Fulano", tiene una buena idea de lo que él hace para ganarse la vida. Jesús sabe que no tiene caso orar hasta que sepamos lo que Dios hará por nosotros. En la Escritura, los nombres de Dios revelan su obra en nuestras vidas.

Dios se reveló a sí mismo a Moisés, cuando Moisés le preguntó su nombre, Dios respondió: *"Yo soy el que soy"* (Éxodo 3:14). Estos términos bíblicos, "Yahvé", "Jehová" y "Señor" se derivan de la palabra hebrea para "Yo soy". En este sentido, esta ocasión marcó la primera vez que Dios se reveló a sí mismo como Señor de nuestras vidas. Más adelante, con el tiempo, Dios añadió a nuestro entendimiento de su señorío.

Él se denominó a sí mismo Jehová-rafá, que significa *"yo soy el Señor, que les devuelve la salud"* (Éxodo 15:26). Por tanto, es adecuado acudir a Dios para recibir salud y sanidad porque Él es su Médico.

Él se denominó a sí mismo Jehová-tsidkenu, que significa *"el Señor es nuestra salvación"* (Jeremías 23:6). Dios es quien le perdona y le hace recto ante sus ojos. Él es su Salvador, a quien usted acude en busca de misericordia.

Él se denominó a sí mismo Jehová-shalom, que significa *"el Señor es la paz"* (Jueces 6:24). Él puede calmar sus emociones; Él puede poner fin a las guerras y las peleas en su vida. Él es el Dios de la paz.

Él se denominó a sí mismo Jehová-shamá, que significa *"AQUÍ HABITA EL SEÑOR"* (Ezequiel 48:35). Cuando usted ora, Dios no está muy lejos en algún lugar en el cielo, sino justamente a su lado. Si Él está con usted, no hay necesidad alguna de tener temor o sentirse impotente sobre sus circunstancias.

Él se denominó a sí mismo Jehová-makadesh, que significa *"yo soy Jehová que os santifico"* (Éxodo 31:13, RVR). Cuando usted batalla con el pecado, Dios le ayudará a vencer la tentación. Él puede hacerle santo.

Él se denominó a sí mismo Jehová-nissi, que significa *"el Señor es mi estandarte"* (Éxodo 17:15). Los estandartes se levantan a causa de la victoria. Dios es quien le da la victoria en todas sus batallas.

Él se denominó a sí mismo Jehová-rohi, que significa *"el Señor es mi pastor"* (Salmos 23:1). Un pastor es un cuidador. Él mantiene alejados a los lobos de las ovejas; las alimenta y las dirige. Cualquier cosa que un pastor hace por su rebaño, Dios la hará por usted.

Él se denominó a sí mismo Jehová-jiré, que significa "*Dios se proveerá*" (Génesis 22:8, RVR). Cuando parece que no tiene suficiente, Dios interviene por usted. Él suple cada una de sus necesidades, ya sea física, material, espiritual, mental o emocional.

Como puede ver, usted puede tener un tiempo maravilloso en oración solamente recordando todos los maravillosos nombres de pacto de Dios.

Segundo destino: "Venga tu reino"

El segundo destino en el Padre Nuestro es el siguiente: "*Venga tu reino, hágase tu voluntad en la tierra como en el cielo*" (Mateo 6:10). Esto no es una petición sino una demanda. En otras palabras, es una declaración de que la voluntad de Dios va a ser hecha. Esto significa que la voluntad de Dios debe darse a conocer. ¿Qué significa que el reino de Dios venga a la tierra? "*Porque el reino de Dios no es cuestión de comidas o bebidas sino de justicia, paz y alegría en el Espíritu Santo*" (Romanos 14:17). El Espíritu Santo da entrada al reino a nuestras vidas produciendo justicia, paz y alegría, que están entre los frutos del Espíritu (véase Gálatas 5:22–23). Él también produce los dones del Espíritu Santo (véase 1 Corintios 12). "*Porque el reino de Dios no es cuestión de palabras sino de poder*" (1 Corintios 4:20). Cuando yo oro, me gusta recordarle a Dios todos los dones del Espíritu que deseo ver manifestados en mi vida. Esto me toma algún tiempo, pero es un estupendo ejercicio que edifica mi fe cuando oro al Señor y espero que todos sus dones sean desarrollados en mi vida.

Desde luego, en todo ello me someto a mí mismo a hacer la voluntad de Dios. Reconozco que no estoy en la tierra para hacer lo que yo quiero sino lo que Dios quiere. Comienzo a pensar en lo que Dios quiere que haga, ya sea testificar a alguien, escribir un artículo, imponer manos sobre los enfermos o alguna otra cosa, y después me dedico a hacerlo. Cuando llevo estas cosas al Señor en oración, tengo confianza en que Él hará su voluntad por medio de mí.

Tercer destino: "Danos hoy nuestro pan cotidiano"

El tercer destino del Padre Nuestro se encuentra en estas palabras: *"Danos hoy nuestro pan cotidiano"* (Mateo 6:11). No es egoísta orar por sus necesidades personales. Dios quiere que usted le pida, y debería hacerlo con valentía. *"Pan"*, desde luego, representa cualquier necesidad material que pueda tener. ¿Necesita dinero para el pago de un auto? ¿Una tasa más baja de intereses para su hipoteca? ¡Pídaselo!

El *"pan"* también representa salud y liberación. Jesús llamó a la salud *"el pan de los hijos"* (Mateo 15:26). Por tanto, puede buscar usted al Señor en oración y pedirle que le sane. Puede pedirle que libere a otras personas de la posesión demoniaca. Todas estas cosas están cubiertas en su *"pan cotidiano"*.

El "pan" más importante es la Palabra de Dios. Cuando usted se alimente de su Palabra, pídale que le dé perspectivas nuevas de su verdad, y Él abrirá gustosamente los ojos de su entendimiento (véase Efesios 1:18).

Cuarto destino: "Perdónanos"

El cuarto destino del Padre Nuestro es el siguiente: *"Perdónanos nuestras deudas, como también nosotros hemos perdonado a nuestros deudores"* (Mateo 6:12). Las misericordias de Dios son nuevas cada mañana (véase Lamentaciones 3:22–23), y necesitamos una nueva provisión de su perdón diariamente, ya que somos personas pecadoras. Por tanto, deberíamos hacer esta oración diariamente. No crea que ha pasado un solo día sin pecar, ni siquiera un minuto. Algo de lo que usted hizo, dijo, pensó o habló no dio en el blanco. Puede que no sea consciente de ningún pecado concreto, pero pida a Dios que de todos modos le perdone.

Durante esta parte de la oración, me gusta recordarme a mí mismo mis fracasos terrenales, lo cual me lleva a un lugar de humillación. No estoy sugiriendo que usted lleve a todas partes una conciencia culpable y siempre se flagele por sus fracasos, pero es una práctica sana tomar nota de sus defectos. Le da una perspectiva de humildad y una mayor empatía por los demás, lo cual hace que sea más fácil orar por ellos. También hace que sea más fácil perdonar a otras personas.

Es fácil enfocarse en los pecados de otros. Somos rápidos para sacar a la luz el pasado y casi disfrutamos quedándonos en las maneras en que otros nos han hecho daño. Sin embargo, batallamos para recordar nuestros propios pecados, ya sean pasados o presentes.

Después de haber confesado cualquier pescado que recuerde haber cometido cada día, sea grande o pequeño, estoy más que preparado para perdonar a otros cualquier pecado que hayan cometido contra mí. Libero a cada uno de sus deudas porque recuerdo las muchas deudas que Dios me ha perdonado a mí y ha olvidado. Estoy agradecido por la misericordia de Dios y contento de poder extenderla a otros.

Quinto destino: "No nos dejes caer en tentación"

Nuestro quinto destino es este: *"Y no nos dejes caer en tentación, sino líbranos del maligno"* (Mateo 6:13). Entiendo que liberación es mejor que perdón. Aunque siempre confío en la misericordia de Dios y le pido que me perdone, también oro para no pecar y ofenderle. Pido liberación.

A medida que paso tiempo en este destino, soy bien consciente de la batalla espiritual en la cual está involucrado todo creyente. Por tanto, me pongo toda la armadura de Dios y resisto contra el diablo. Sé que mi armadura es mayor que la de Satanás. Él no es rival para Dios, ni tampoco para mí, porque yo confío en Dios.

De regreso al comienzo:
"Porque tuyos son el reino y el poder y la gloria"

La última parte del Padre Nuestro: *"...porque tuyos son el reino y el poder y la gloria para siempre. Amén"* (Mateo 6:13), no es un destino separado sino un regreso a casa. Nos recuerda lo que nuestras oraciones deben lograr: la glorificación de Dios por medio de nuestras vidas. Después de haber orado el Padre Nuestro, recorriendo las grandes verdades de estas palabras, salgo de mi lugar de oración preparado para vivir victoriosamente para el Señor.

Usted tiene la misma capacidad. No tiene que preguntarse por qué esta oración no fue contestada o esa oración recibió una respuesta distinta a la que usted esperaba. La razón es que usted ha trasladado su esperanza de este mundo al siguiente, y la perspectiva de la eternidad hace que dé un paso atrás y confíe en Dios en todas las cosas. La oración tiene intención de prepararle para ese mundo mejor donde, durante toda la eternidad, estaremos dando a Dios alabanza por todas las cosas. En aquel día, las oraciones contestadas adoptarán un nuevo significado. Usted no estará buscando salud, riqueza o restauración. Habrá llegado a un lugar de completo contentamiento en Dios. Por ahora, sin embargo, usted tiene este mapa de ruta de la oración. Es el Padre Nuestro. Tome el mapa y sígalo, ábralo y explórelo, y comenzará a ver sus oraciones contestadas.

Acerca del autor

Tom Brown es más conocido por su ministerio de liberación. Millones de personas le han visto en el programa *20/20* de la ABC, y también en MSNBC y The History Channel. Él es un destacado orador de conferencias, prolífico autor y comprometido pastor. Su página en la Internet ganadora de premios, www.tbm.org, llega a más de un millón de personas al año. Entre sus anteriores libros se incluyen *You Can Predict Your Future* [Usted puede predecir su futuro]; *El Diablo, los Demonios y la Guerra Espiritual y Romper Maldiciones, Experimentar Sanidad*. Tom está mayormente comprometido con su esposa Sonia y sus tres hijos: Justin, Faith y Caleb. Tom y Sonia son padres con el nido vacío que residen en El Paso, Texas.